AF317854

CATALOGUE
DES LIVRES
DE Mr. MOREL.

THÉOLOGIE.

ÉCRITURE SAINTE.

Bibles, Histoires de la Bible, Dictionnaires & Concordances.

1 BIBLIA SACRA Polyglotta, ftud. Briani Walton accedit Lexicon Heptaglotton Caftelli. *Londini*, 1657, *& feqq.* 8 *vol.* fol.

2 BibliaHebraica, fine Punctis, à Leufden. *Amft.* 1701, 2 *vol.* 12. *maroq.*

3 Biblia Sacra, Græca. *Lond.* 1653, 4.

4 Biblia Sacra. *Lugd. Gryphius*, 1550, 2 *vol.* fol. lavé reglé.

A

5 Biblia Sacra, abſque ſummariis. *Col. Agripp.*
 Gualterus, 1630, 8. *maroq.*
6 Biblia Sacra, cum Chronologia. *Pariſ. Vitré,*
 1662, *fol. c. m.*
7 Eadem, 1666, 4.
8 Biblia Sacra. *Coloniæ Agripp. ab Egmond.*
 1670, 6 *vol.* 24.
9 Eadem. *Pariſ.* 1702, 4.
10 Eadem. *Pariſ.* 1741, 8.
11 Eadem. *Lugd.* 1743, 4.
12 Biblia Sacra Vatabli. *Pariſ.* 1545, 2 *vol.* 8.
 lavé reglé.
13 Biblia Sacra, cum notis Duhamel. *Pariſ.*
 1731, *fol.*
14 Bible lat. & franç. trad. par de Sacy, avec
 des Notes. *Par.* 1711, 16 *vol.* 12.
15 La même. *Par.* 1715, 3 *vol. fol.*
16 La même avec les Livres Apocryphes. *Par.*
 1717, 4 *vol. fol.*
17 La même avec le Sens Littéral & Spirituel.
 Brux. & ſuiv. 38 *vol.* 12.
18 Bible lat. & franç. avec les Comm. de Cal-
 met. *Par.* 1724. *& ſuiv.* 9 *vol. fol. gr. pap.*
19 La même, par le P. de Carrieres. *Par.* 1717.
 & ſuiv. 14 *vol.* 4.
20 Bible franç. par M. de Sacy. *Par.* 1711, 8 *vol.*
 16. *d. ſ. t.*
21 La même. *Par.* 1738, 2 *vol* 4.
22 La même avec de courtes Notes. *Bruxelles,*
 1701, 8 *vol.* 12.
23 Bible trad. par M. le Gros. *Col.* 1729, 12.
 d. ſ. t.
24 La même, par Me Guyon avec des Explicat.
 Col. 1714, 20 *vol.* 12.

25 La même trad. par le Cene. *Amst.* 1741 ,
   2 *vol. fol.*

26 La même trad. par des Marets. *Amst. Elzevir,*
   1669 , 2 *vol. fol. gr. pap.*

27 Psalterium Hebræum à Robertson. *Londini ,*
   1656 , 12.

28 Psalterium Davidis & libri Sapientiales. *Lug-*
   duni Bat. Elzevir , 1653 , 16. *maroq.*

29 Liber Psalmorum , cum Canticis. *Lut. Paris.*
   1733 , 24.

30 Explicat. des Pseaumes , par Duguet. *Par.*
   1733 , 7 *vol.* 12.

31 N. Testamentum Græcum , cum præfatione
   (ô Mirificam.) *Lut. Rob. Steph.* 1546 , 16.

32 N. Testamentum Græcum. *Sedani ,* 1628 ,
   32. *maroq. dent.*

33 Idem, à Leusden. *Amst.* 1688 , 18.

34 Idem. *Lond. Tonson.* 1714 , 8. *gr. pap.*
   d. s. t.

35 N. Testamentum. *Paris.* 1740 , 24.

36 N. Testament trad. avec les différences du
   Grec. *Mons,* 1667 , 2 *vol.* 12.

37 Le même. *Mons ,* 1668 , 4.

38 Le même. *Mons,* 1688 , 12.

39 N. Testament trad. par Huré. *Par.* 1703 , 12.

40 Le même , par le Clerc. *Amst.* 1703 , 2 *vol.* 4.

41 Le même, par le P. Amelotte. *Par.* 1709 ,
   2 *vol.* 12. *maroq. lav. reglé.*

42 Nouv. Testament trad. avec des Notes. *Par.*
   1729 , 12.

43 Remarques hist. & crit. sur le Nouv. Testa-
   ment , par de Beausobre. *La Haye ,* 1742 ,
   2 *vol.* 4.

44 Abregé de l'Histoire de l'Ancien & du Nou-

veau Teſtament, par M. de Mezangui. *Par.* 1717. *& ſuiv.* 10 *vol.* 12.

45 Hiſtoire Sacrée, par M. de Brianville. *Anvers*, 1725, 12. *fig. d ſ. t.*

46 Hiſt. de l'Anc. & du N. Teſtament, par Labbé Pellegrin, avec les Airs notés. *Par.* 1713, 2 *vol.* 8.

47 Hiſt. du Vieux & du N. Teſtament repréſentée en figures avec des Explicat. par de Royaumont. *Par.* 1735, 4.

48 La même. *Par.* 1740, 12.

49 Hiſt. du Vieux & du N. Teſtament enrichie de plus de 400 figures. *Anvers Mortier*, 1700, 2 *vol. fol. gr. pap. v. f.*

50 Hiſt. de la Bible par Martin, enrichie de plus de 300 figures. *Amſt.* 1724, 4.

51 Les Conſeils de la Sageſſe. 2 *vol.* 12.

52 Les Leçons de la Sageſſe, par de Bonnaire. *Par.* 1751, 3 *vol.* 12.

53 P. Dan. Huetii Demonſtratio Evangelica. *Pariſ.* 1679, *fol.*

54 Eadem. *Pariſ.* 1690, *fol.*

55 Les Epîtres & Evangiles avec des Explicat. par de Bonneval. *Par.* 1711, 2 *vol.* 12.

56 Edmundi Caſtelli Lexicon Heptaglotton. *Londini*, 1669, 2 *vol. fol. en un.*

57 Dictionnaire de la Bible, par le P. Calmet. *Geneve*, 1717, 4 *vol.* 4.

58 Abrah. Trommii Concordantiæ Græcæ, ſtud. de Montfaucon. *Amſt.* 1718, 2 *vol. fol.*

59 S. Bibliorum Concordantiæ. *Lugd. Jullieron*, 1665, 4.

60 Eadem. *Lugd.* 4.

61 Eadem. *Coloniæ*, 8.

62 Hist. & Concordia Evangelica, stud. Arnaldi. *Parif.* 1660, 12.

63 Eadem. *Lovanii*, 1675, 12.

64 De l'Inspiration des Livres sacrés du N. Testament, par de la Mothe. *Amst.* 1695, 12.

Critiques & Interprêtes.

65 Critici Sacri. *Londini*, 1670, 10 *vol. fol.*

66 Eduardi Leigh Critica Sacra. *Amst.* 1679, *fol.*

67 Lud. de Dieu Critica Sacra. *Amst.* 1693, *fol.*

68 Mathæi Poli Synopsis Criticorum ex recens. J. Leusden. *Ultrajecti*, 1684, 5 *vol. fol.*

69 Ant. de Balinghem in scripturam sacram. *Trivoltii*, 1705, *fol.*

70 Lib. Fromondus in S. scripturam. *Rothomagi*, 1709, *fol.*

71 Menochius in S. scripturam. *Lugd.* 1717, *fol.*

72 Estius in loca difficiliora scripturæ Sanctæ. *Parif.* 1716, *fol.*

73 Simeo de Muis in Psalmos. *Parif.* 1650, *fol.*

74 Estius in Paulum. *Rothomagi*, 1709, 2 *vol. fol. en un.*

75 Analyse des Epitres de S. Paul, par le P. Mauduit. *Par.* 1696, 2 *vol.* 12.

76 Bernardus Lamy de Tabernaculo fœderis. *Parif.* 1720, *fol.*

Liturgies.

77 Jac. Goar Rituale Græcorum. *Lut. Parif.* 1647, *fol.*

78 Breviarium Romanum. *Parif. Leonard.* 1701, 4 *vol.* 4.

79 Idem, 4 *vol.* 8.

80 Missale Romanum. *Lugd.* 1730, 4. *gr. pap.*

81 Idem. *Lugd.* 1735 , *fol.*
82 Idem. *Lugd.* 1741 , *fol.*
83 Miſſel Romain trad. *Par.* 1697 , 12. *d. ſ. t.*
84 Pontificale Romanum. *Pariſ.* 1663 , 2 *vol. fol. maroq. fig.*
85 Idem. *Bruxellis,* 1735 , 3 *vol.* 8. *fig.*
86 Idem. *Venetiis,* 1740 , 12.
87 Cæremoniale Epiſcoporum. *Pariſ.* 1633 , *fol. fig.*
88 Idem. *Romæ,* 1651 , 4.
89 Office de l'Egliſe lat. & franç. *Par.* 8. *chagrin fermoirs d'argent.*
90 Breviarium Pariſienſe de Vintimille. *Pariſ.* 1736 , 4 *vol.* 4. *maroq.*
91 Idem , 4 *vol.* 12. *maroq.*
92 Miſſale Pariſienſe de Noailles. *Pariſ.* 1706 , *fol. maroq.*
93 Idem de Vintimille. *Pariſ.* 1738 , *fol. d. ſ. t.*
94 Idem. *carta magna.*
95 Graduel Pariſien noté. *Par.* 1738 , 2 *vol.* 12.
96 Diurnale Pariſienſe de Vintimille. *Pariſ.* 1736 , 2 *vol.* 16. *maroq.*
97 Année Chrétienne , par le Tourneux. *Par.* 1689. *& ſuiv.* 12 *vol.* 12.
98 La même, par le P. Croiſet. *Lyon,* 1719 , 12 *vol.* 12. *d. ſ. t.*
99 Offices des Chevaliers de l'Ordre du S. Eſprit. *Par.* 1740 , 12. *maroq.*
100 Explicat. des Cérémonies de la Meſſe, par le Brun. *Par.* 1726 , 4 *vol.* 8.
101 Liturgie Angloiſe, *Oxford.* 1740 , 8. *maroq. dent. fig.*

SAINTS PERES.

Peres Grecs & Latins.

Collections des Peres.

102 S. Juftini opera ; gr. lat. ftud. Bened. *Parif.* 1742, *fol.*

103 Minucii Felicis Octavius ex recenf. Ouzeli. *Lugd. Bat.* 1672 ; 8.

104 L'Octavius de Minutius Felix trad. par d'A-blancourt. *Par.* 1677, 12.

105 S. Cypriani opera acced. Diſſertat. Cypria-nicæ, ftud. Doduuelli. *Amft.* 1700, *fol.*

106 Eadem, ftud. Baluſii. *Parif. E Typ. Regia.* 1726, *fol. c. m.*

107 Œuvres de S. Cyprien trad. par Lombert. *Par.* 1672, 4.

108 Lactantii opera, cum notis variorum. *Lugd. Bat.* 1660, 8.

109 Eufebius de Præparatione & Demonftra-tione Evangelica, gr. lat. *Parif.* 1628, 2 *vol. fol. gr. pap. d. ſ. t.*

110 S. Optati opera, ftud. Albaspinæi *Parif.* 1679, *fol. gr. pap.*

111 S. Joannis Chryfoftomis opera, gr. lat. ftud. de Montfaucon. *Parif.* 1718. & *feqq.* 13 *vol. fol.*

112 Abregé de S. Jean Chryfoftome fur l'Anc. Teftament. *Par.* 1688, 12.

113 S. Jean Chryfoftome fur S. Paul, trad. par de Marſilly. *Par.* 1716, 7 *vol.* 8.

114 S. Hieronymi opera, ftud. Bened. *Parif.* 1693. & *feqq.* 5 *vol. fol.*

115 S. Auguſtini opera , ſtud. Monach. Ord. S.
Benedicti , cum vitâ & indicibus. *Pariſ.* 1689.
& *ſeqq.* 11 *vol. fol. en* 8.

116 Eadem. *Ant.* 1700. & *ſeqq.* 11 *vol. fol. en* 8.

117 D. Auguſtini Confeſſiones. *Colon. Agripp.*
1629 , 24. *maroq.*

118 Ejuſdem Meditat. & Soliloquia. *Coloñ.*
Agripp. 1649 , 24.

119 Soliloques , & Méditations de S. Auguſtin
trad. par Dubois. *Par.* 1707 , 12.

120 Les mêmes trad. par Arnauld. *Par.* 1715,12.

121 Sermons de S. Auguſtin ſur les Pſeaumes ,
trad. par M. Dubois. *Par.* 1683 , 7 *vol.* 8.

122 Lettres de S. Auguſtin trad. par Dubois.
Par. 1684 , 6 *vol.* 8.

123 Les mêmes. *Par.* 1737 , 6 *vol.* 12. *d. ſ. t.*

124 Théologie morale de S. Auguſtin. *Paris*
1686 , 12. *d. ſ. t.*

125 S. Ephremi opera Græce. *Oxoniæ,* 1709, *fol.*

126 S. Baſilii opera , gr. lat. ſtud. Bened. *Pariſ.*
1721. & *ſeqq.* 3 *vol. fol.*

127 Les Aſcetiques de S. Baſile trad. par Hér-
mant. 1727 , 8.

128 S. Cyrilli Hierofolimit. opera , gr. lat. ſtud.
Prevotii. *Pariſ.* 1640 , *fol. gr. pap. lav. reglé.*

129 Eadem , ſtud. Toutté. *Pariſ.* 1720 , *fol.*

130 S. Alexandri opera , gr. lat. ſtud. J. Auberti.
Lut. 1638 , 7 *vol. fol.*

131 Conférences de Caſſien trad. par de Saligny.
Par. 1663 , 8.

132 S. Proſperi opera. *Pariſ.* 1711 , *fol. v. f.*

133 B. Theodoreti opera , gr. lat. ſtud. Sir-
mundi. *Pariſ.* 1642 , 4 *vol. fol.*
Accedit Auctuarium Garnerii. *Pariſ.* 1684, *fol.*

134 S. Leonis opera, ſtud. Queſnelli. *Lugduni*, 1700, *fol.*

135 Œuvres de Salvien trad. par le P. Bonrecueil. *Par.* 1700, 2 *vol.* 12.

136 S. Gregorii Magni opera, ſtud. Benedict. *Pariſ.* 1705, 4 *vol. fol.*

137 Morales de S. Grégoire ſur Job. *Par.* 1666, 3 *vol.* 4.

138 S. Iſidori Hiſpalenſis Opera, ſtud. Du Breul. *Pariſ.* 1601, *fol.*

139 S. Joannis Damaſceni opera, gr. lat. ſtud. Le Quien. *Pariſ.* 1712, 2 *vol. fol.*

140 Ven. Hildeberti & Marbodi opera, ſtud. Beaugendre. *Pariſ.* 1708, *fol.*

141 S. Bernardi opera, ſtud. Mabillon. *Pariſ.* 1719, 2 *vol. fol.*

142 J. Gerſonii opera, ſtud. Elies Dupin. *Amſt.* 1506, 5 *vol. fol. en* 3.

143 J. Cottelerii Patres Apoſtolici, gr. lat. *Ant.* 1698, 2 *vol. fol.*

144 Idem, ſtud. Joann. Clerici. *Amſt.* 1724, 2 *vol. fol.*

145 Collectio nova Patrum Græcorum, ſtud. de Montfaucon, gr. lat. *Pariſ.* 1707, 2 *vol. fol.*

146 Edm. Martenne & Durand Theſaurus Anecdotorum. *Lut. Pariſ.* 1717, 5 *vol. fol.*

147 Eorumdem veterum ſcriptorum & Monum. Collectio. *Pariſ.* 1724. & *ſeqq.* 9 *vol. fol.*

148 Henrici Caniſii Theſaurus Monumentorum, cum notis Jacobi Baſnage. *Ant.* 1725, 4 *vol. fol.*

149 Jac. Sirmondi opera varia, accedunt S. Theodoriti Epiſtolæ, &c. *Venetiis*, 1728, 5 *vol. fol.*

150 Muſæum Italicum , ſtud. Mabillon. *Lut.*
Pariſ. 1724 , 2 *vol.* 4.

THEOLOGIENS.

151 Eſtius in 4. Libros Sententiarum. *Pariſ.*
1696 , 2 *vol. fol.*

152 Summa S. Thomæ. *Pariſ.* 1662 , *fol.*

153 Eadem. *Lugd.* 1738 , *fol.*

154 Eadem , cum notis Nicolai. *Lugd.* 1686 ,
2 *vol. fol.*

155 Henrici à S. Ignatio Ethica Amoris. *Leodii* ,
1709 , 3 *vol. fol.*

156 Petavii Dogmata Theologica. *Antuerpia* ,
1700 , 6 *vol. fol.*

157 J. B. Gonet Theol. *Pariſ.* 1669 , 5 *vol. fol.*

158 Cl. Fraſſeni Theol. *Pariſ.* 1672 , 4 *vol. fol.*

159 Fr. Sylvii opera Theolog. *Antuerp.* 1714 ,
4 *vol. fol.*

160 Juenin Inſtitutiones Theolog. *Pariſ.* 1701 ,
7 *vol.* 12.

161 Ludov. Hubert Theologia. *Pariſ.* 1732 ,
8 *vol.* 12.

162 Thiers , Traité de la dépouille des Curés.
Par. 1683 , 12.

163 Apologie pour les Saints Peres défenſeurs de
la Grace. *Par.* 1651 , 4.

164 Inſtruct. ſur la Grace , par M. Arnauld. *Col.*
700 , 12.

165 C. Janſenii Auguſtinus. *Rothom.* 1643 , *fol.*

166 Journal de Louis Gorin de Saint Amour.
1662 , *fol.*

167 Aug. le Blanc , Hiſt. Congregationum de

auxiliis, Stud. Hyac. Serry, *Amst. 1709 ,fol.*

168 Causa Quesnelliana, *Bruxellis 1704. 4.*

169 Recueil des Difficultés proposées à M. Steyaert, *Col. 1700 , 3 vol. 12.*

170 Traité de l'Autorité & Infaillibilité des Papes, par le Petit Didier, *Luxembourg 1725. 2 vol 12.*

171 Juenin de Sacramentis, *Lugd. fol.*

172 Tournely de Sacramentis, *Paris 1729 , 2 vol 12.*

173 Consultations canoniq. sur les Sacremens, par Gibert, *Paris 1750 , 12 vol. 12.*

174 Th. Sanchez de Matrimonio, *Noriberga, 1706. fol.*

175 Nat. Alexandri Theologia Dogmatica & Moralis, *Paris 1714. 2 vol. fol.*

176 Théologie Morale de Grenoble, *Paris, 1699 8 vol. 12.*

177 Instruction des Prêtres, trad. de Molina, *Paris 1699. 8.*

178 Marcellus Ancyranus de Residentiâ Canonicorum, *Paris, 1695, 8.*

179 Dict. des Cas de Conscience, par Pontas, *Paris, 3 vol. fol.*

180 Résolutions des Cas des Conscience, par de Sainte Beuve, *Paris, 1695 3 vol. 8.*

181 Examen des Etats & Conditions, par de Saint Germain. *Paris 1677 , 2 vol 12.*

182 Dévoirs des Grands, par Mgr. le Prince de Conti, avec son Testament , *Paris, 1667 , 12.*

183 Discours sur la Comédie, par le P. le Brun *Paris 1731 , 12.*

184 Du Secret de la Confession, par Lochon

Paris 1707 & *suiv.* 2 *vol.* 12.

185 Tradition de l'Eglife, par Arnauld, *Paris* 1644, 4.

186 De la fréquente Communion, par Arnauld, *Lyon* 1739, 8.

187 Inftruction Paftorale de M. d'Auxerre, au fujet de la fréquente Communion du P. Pichon *1747*, 12.

188 Anecdotes de la Chine, *Paris* 1733 & *fuiv.* 8 *vol* 12.

Catéchiftes & Sermonaires.

189 Catechifmus Concilii Tridentini *Col. Agrip.* 1689. 24.

190 Catechifme du Concile de Trente, trad. par Chanut, *Paris* 1686. 12.

191 Inftitutiones Catholicæ admodùm Cathechefeos, aut. Pouget. *Parif.* 1725. 2 *vol fol.* gr. pap. 3 filets d'or.

192 Catéchifme de Montpellier, *Paris* 1728. 3 *vol.* 12.

193 Catéchifme Hiftorique, *Nancy* 1736. 2 *vol.* 12.

194 Catéchifme fur les promeffes faites à l'Eglife. *Utrecht* 1733. 12.

195 Bibliothéque des Predicateurs, par le P. Houdry, *Lyon* 1731 & *fuiv.* 22 *vol.*

196 Homélies fur les Evangiles, par de Monmorel. *Paris* 1703. & *fuiv.* 10 *vol.* 12.

197 Homélies fur les Evangiles, par de la Chetardie, 3 *vol.* 4.

198 Homélies fur les Evangiles par le Vray. *Paris* 1700. 5 *vol.* 12.

199 Prônes des Dimanches , par de la Font ,
 Paris 1701 4 vol. 12.
200 Sermons des Missions, par le P. Loriot ,
 Paris , 1715. 9 vol. 12.
201 Sermons du P. Bourdaloue , y compris
 les Pensées. Paris 1707. & suiv. 16 vol. 8.
202 Les mêmes. Paris 1716 & suiv. 15 vol. 12.
203 Avent & Carême , du Même. Paris 1707.
 4 vol. 8.
204 Dominicales du Même. Paris , 4 vol. 12.
205 Sermons du P. Cheminais. Paris 1744. 5
 vol. 12.
206 Penegyriques & autres Sermons , par Flé-
 chier, Paris 1697. 2 vol 12.
207 Sermons du P. Terrasson , Paris 1726. 4
 vol. 12.
208 Sermons du P. Laffiteau , Evêque de Sif-
 teron. Lyon 1752. 4 vol. 12.

209 { Panégyriques des Saints par l'Abbé Se-
 guy , Paris 1736. 2 vol. 12.
 Sermons du Carême , par le Même.
 Paris 1744. 12.

210 Sermons de Saurin , Gen. 1734 , 11 v. 12.
211 Sermon de Tillotson , trad. par Barbeyrac ,
 Amst. 1722 , 7 vol. 12.
* 211 Les mêmes , Amst. 1744 , 7 vol. 12.

Mystiques.

212 Thomas-à-Kempis de Imitatione Christi.
 Elzevir , (prima prælia) 16 maroq.
213 Imitation de Jesus , trad. par de Beuil ,
 Paris 1719. 8.
214 La même , par le Pere de Gonnelieu. Pa-
 ris 1727. 8.

215 La même par l'Abbé Lenglet, *16 , mar.*

216 La Regle des Mœurs , par D. Gerberon, *Col. 1692 , 12.*

217 Oeuvres de Grenade, trad. par Girard. *Paris 1684, & fuiv. 10 vol. 8.*

218 Les mêmes, *Paris 1688 , 2 vol. fol.*

219 Addition au mémorial de la Vie Chrétienne, trad. de Grenade , par Girard, *Paris, 1687. 8.*

220 Introd. à la Vie dévote, par S. François de Sales, *Paris , Leonard. 16.*

221 Miroir de la Piété Chrétienne, par de Se. Foi, *Liege 1676. 12.*

222 De la confiance en la Miféricorde de Dieu, par M. de Soiflons, *Paris 1748. 12.*

223 Réflexions fur la Miféricorde de Dieu , par Me de la Valiere, *Paris , 12.*

224 Méditations fur les Evangiles, par Bufée, *Paris , 1704 , 2 vol. 12.*

225 Méditations Chrétiennes, par Beuvelet, *Paris 1746. 4.*

226 Les mêmes, *Paris , 1752 , 5 vol 12.*

227 Oeuvres fpirituelles, par M. de Fenelon, *Anvers 1718. 2 vol. 12.*

228 Les mêmes, *Rotterdam , 1738. 2 vol. fol.*

229 de la Sainteté & du devoir de la Vie Monaftique, avec les éclairciffemens , *Paris, 1683, 3 vol. 12.*

230 Inftruction fur les Sacremens de Pénitence & d'Euchariftie, *Paris 1676 , 12.*

231 Effais de Morale par M. Nicole , *Paris, 1682, 4 vol 12.*

232 Les mêmes avec la continuation , *Paris, 1715 & fuiv, 24 vol. 12.*

233 Lettres de M. Nicole, *Lille 1718. 2 vol. 12.*

234 Vie de M. Micole, *Luxembourg 1732, 16.*

235 Inftruction Paftorale de M. de Tours, fur la Juftice Chrétienne, *Paris 1749. 12.*

236 La mort des Juftes, par le P. Lallemant, *Paris 1722, 12.*

237 Teftament fpirituel, par le P. Lallemant, *Paris 1692, 12.*

238 Prieres Chrétiennes, par le P. Quefnel, *Paris, 12.*

239 Elévations à Dieu fur tous les Myftères, par M. Boffuet, *Paris 1727, 2 vol 12.*

240 Opufcules de M. Boffuet, *Paris 1751 5 vol. 12.*

241 Entretiens avec Jefus dans le Saint Sacrement, par D. Morel. *Paris 12.*

242 Pratiques de Piété, *Bruxelles 1712. 8.*

243 Agneau Pafcal, *Col. 1686, 8.*

244 Dévotions des Treizains ou des Treize Vendredis, en l'honneur de Saint François de Paule, par le P Bertin. *Par. 1687, 12. 3 filets.*

245 Idée de la Converfion du Pecheur, 1733. *2 vol. 12. en un.*

246 La Dévotion aifée par le P. Le Moine, *Paris 1652, 12.*

247 Conférences Eccléfiaftiques par l'Abbé Duguet, *Col. 1742, 2 vol. 4.*

248 Thiers, de la plus folide & fouvent la plus négligée de toutes les Dévotions, *Paris, 1702, 2 vol 12.*

Théologiens Polémiques, &c.

249 Bellarminus de Controverſiis. *Ingolſtadi* 1590. 3 *vol. fol.*

250 Idem , *Mediolani* 1721 , 4 *vol. fol.*

251 FF. de Walemburch de Controverſiis, *Col. Agrip.* 1670, 2 *vol fol·*

252 Vérité de la Religion Chrétienne , par Abbadie, *Amſt.* 4 *vol.* 12.

253 De l'Excellence de la Religion, par Bernard , *Amſt.* 2 *vol.* 12.

254 Défenſe de la Religion , tant naturelle que révélée , trad. par Burnet *Amſt.* 17 & *ſuiv.* 6 *vol.* 12.

255 Joannes Volkelius de verâ Religione. *Groningæ* 1661. 4.

256 Religion Chrétienne prouvée par les faits, par l'Abbé Houtteville , *Paris* 1722. 4.

* 256 La même , *Par.* 1740 3 *vol.* 4.

257 Penſées ſécrettes ſur la Religion , trad. de Beveridge , *Amſt.* 1744, 2 *vol.* 12. *filets d'or.*

258 Let. ſur la Religion eſſentielle à l'Homme. *Londres* , 1738 & *ſuiv.* 4 *vol* 12. *en deux. v. f.*

259 Lettres ſur les vrais Principes de la Religion , *Amſt.* 1741, 2 *vol.* 12. 3 *filets.*

260 Penſées de Paſcal , ſur la Religion. *Paris* 1734 , 12.

261 De l'Incrédulité, par le Clerc , *Amſt.* 1696. 12. 3 *filets.*

262 Lettres contre les Libertins & Incrédules, trad. par le Moine. *La Haye ,* 1732. 8.

263 Que la Religion Chrétienne eſt très-raiſonnable , trad. de l'Anglois. *Amſt.* 1696 12. 3 *filets d'or.*

264

264 Perpétuité de la Foi, par M. Arnauld, avec la suite, par Renaudot. *Paris*. 1669. *& suiv.* 5 *vol.* 4.

265 Conférence avec M. Claude, par M. Bossuet, *Paris*. 1682. 12.

266 Les Témoins de la Résurrection de Jesus-Christ, examinés & jugés selon les Régles du Barreau, trad. de l'Angl. *La Haye*, 1732. 8. *v. f. d. f. t.*

267 Réfutation de la Differtation du Père le Courayer, par le P. Hardouin, *Paris* 1724. 2 *vol.* 12. *maroq.*

268 Défense de la Differta ion, fur la validité des Ordinations Angl. par le P. le Courayer, *Bruxelles*, 1726. 4. *vol.* 12.

269 Relat. Apolog. des fentimens du P. le Courayer, *Amft.* 1729. 2 *vol.* 12.

270 Traité des Cérémonies fuperftitieufes des Juifs. *Amft.* 1678. 12. *maroq.*

271 Réfutat. des Erreurs de Spinofa. par M. de Fénélon, &c. avec la Vie du même, par Colerus, *Bruxelles* 1731, 12. *maroq.*

272 L'Impie convaincu, ou Differration contre Spinofa. *Amft.* 1684, 8. 3 *filets d'or.*

273 Georgii Bulli Opera, ftud Grabe, *Londini*, 1703. *fol.*

274 Hift. de l'Euchariftie, par de Larrogue *Amft. Eizevir.* 1671. 12.

275 Les très-merveilleufes victoires des Femmes du N. Monde, par Guill. Poftel, (1553.) 12. *maroq.*

276 Le Ciel Reformé, ou Effai de Trad. du Spaccio della beftia trionfante, di Bruno, 1750. 8.

277 Le même. 8. *pap. d'Holl.*

278 { Had. Beverlandus de Stolatæ Virnigitatis Jure. *Lugd. Bat.* 1680.
Idem de Fornicatione cavenda. 1698,12. *maroq.*

279 Etat de l'Homme dans le péché Originel. 1714, 12.

280 Le même. 1740, 12.

281 La Religion du Médecin trad. de Thomas Brouun. 1668, 12.

282 Mém. pour l'Hist. de la Fête des Foux, par du Tilliot. *Laufanne,* 1751, 12.. *fig.*

283 { Pantheisticon five formula Celebrandæ Sodalitatis Socraticæ. *Cofmopoli,* 1720, 8. *maroq.*

284 Idem Mff. avec la Traduction Mff. 4. *v. f.* 3 *filets d. f. t.*

285 Machumetis Alcoran, cum Confutationibus. 1550, *fol.* 3 *filets.*

286 L'Alcoran de Mahomet trad. par du Ryer. *Amft.* 1746, 2 *vol.* 12.

JURISPRUDENCE.

Droit Canonique.

287 Juftelli Bibliotheca Juris Canonici. *Lut. Parif.* 1671, 2 *vol. fol.*

288 Fagnanus in Decretales. *Coloniæ,* 1704, 3 *vol. fol.*

289 Corpus Juris Canonici, cum Gloffis. *Parif. fub nave* 1585, 3 *vol. fol.*

290 Idem, cum notis. *Lugd.* 1661, 2 *vol.* 4.

* 290 Idem, ftud. Gibert, *Lugd.* 1727, 3 *v. fol.*

291 Lancelottus in Inftitut. Juris Canonici, cum notis Doujatii. *Parif.* 1685, 2 *vol.* 12.

292 Van Efpen in jus Canonicum accedit Supplementum. *Lovanii*, 1721. *& feqq.* 3 *vol. fol.*

293 Idem. *Col. Agripp.* 1729, 2 *vol. fol.*

294 Idem. *Lovanii*, 1753, 4 *vol. fol.*

295 Définitions du Droit Canon par Caftel, avec les Notes de Noyer. *Par.* 1700, *fol.*

296 Caftel fur les Régles de la Chancellerie. Rom. *Par.* 1685, *fol.*

297 Rec. Hift. des Bulles. *Mons*, 1704, 8.

298 Phil. Labbæi & Gab. Coffartii Collectio Conciliorum accedit Jacobatius de Conciliis. *Lut. Parif.* 1671. *& feqq.* 18 *vol. fol.*

299 Concilia Magnæ Britanniæ & Hiberniæ à Wilkins. *Londini*, 1737, 4 *vol. fol.*

300 Acta Eccl. Mediolanenfis. *Mediol.* 1599, *fol.*

301 L'efprit de Gerfon, par le Noble. *Londres*, 1710, 12.

DROIT ECCLESIASTIQUE.
Traité fur les Bénéfices, &c.

302 Dupin de Antiqua Ecclefiæ Difciplina. *Parif.* 1686, 4.

303 Difciplina Ecclefiaftica, aut. Thomaffino. *Lugd.* 1706, 3 *vol. fol.*

304 La même, trad. *Par.* 1725, 3 *vol. fol.*

305 Doujatii Specimen Juris Ecclefiaftici. *Parif.* 1674, 2 *vol.* 16.

306 Bouchel Biblioth. Canonique avec les Notes de Blondeau. *Parif.* 1689, 2 *vol. fol.*

307 Maximes du Droit Canonique de France, par du Bois avec les Notes de Simon. *Par.* 1693, 2 *vol.* 12.

308 Loix Ecclésiastiq. de France, rec. par d'Hericourt. *Par.* 1748, *fol.*

309 Hist. du Droit Public Ecclésiastique Franç. *Londres*, 1737, 2 *vol.* 12. *d. s. t.*

310 La même. *Londres*, 1740, 2 *vol.* 12.

311 Institut. Ecclesiast. & Beneficiales, par Gibert. *Par.* 1750, 2 *vol.* 4.

312 Lotterius de Beneficiis. *Lugd.* 1737, *fol.*

313 P. Rebuffi Praxis Beneficiorum, cum notis Probi. *Paris.* 1664, *fol.*

314 Flaminius Parisius de Beneficiis. *Tolosæ*, 1668, *fol.*

315 Pastor de Beneficiis, &c. cum notis Solier. *Tolosa*, 1712, *fol.*

316 Castel sur les Mat. Bénéficiales. *Par.* 1689, 2 *vol. fol.*

317 Rec. sur les Bénéfices, par le Pelletier. *Par.* 1680, 12.

318 Traité des Droits du Roi sur les Béné fices, M***. Avocat au Parlement. 1752, 2 *vol.* 4.

319 Dunod, Traité des Prescriptions, de l'Aliénation des biens d'Eglise, &c. *Par.* 1753, 4.

320 Traité de l'Abus, par Fevret, *Lyon* 1667, 2 *vol. fol. gr. pap.*

321 Le même. *Lyon*, 1736, 2 *vol. fol.*

322 Usages de l'Eglise Gallic. concern. les Censures, &c. par Gibert. *Par.* 1750, 2 *vol.* 4.

323 Tradition ou Hist. de l'Eglise sur le Sacrement de Mariage, par Gibert. *Par.* 1725, 3 *vol.* 4.

324 De l'Indult du Parlement de Paris, par Cochet de S. Valier. *Par.* 1703, 2 *vol.* 12.

325 Pinsson, Traité des Regales. *Par.* 1688, 2 *vol.* 4.

326 Du Perray , Traité des Portions Congrues.
Par. 1689 , 2 vol. 12.

327 Du Renverfem. des Libertés de l'Eglife
Gallicane , 1716 2 vol 12.

328 Comment. de Pithou fur les libertés de
l'Eglife Gallicane. Paris 1652. 4.

329 Le même avec les notes de l'Ablé Lenglet.
Paris 1715 , 2 vol. 4. gr. pap.

330 Des Droits & Libertés de l'Eglife Gallica-
ne , 1731 , 4 vol fol. en 3.

331 Lettres , Ne repugnate veftro bono , Lond.
1750, 12.

332 Examen impartial des Immunités Eccléfiaft.
Londres 1751 12.

333 Procès-Verbaux des Affemblées du Clergé
de France , ès-années 1614 & 1615. fol.
1641 , fol. mff.
1660 & 1661 , fol.
1665 & 1666 , fol.
1675 , fol.
1680 , fol.
1681 , 4.
1700 , fol.
1701 & 1702. fol.
1713 & 1714 fol.
1715 & Rapport, 2 vol. fol.
1725 & Rapport, 2 vol. fol.
1726 , fol.

334 De l'Origine des affaires du Clergé de
France, Extraits des différentes Affemblées,
commenc. à celles de Poiffy , & autres Piéces
concern. ledit Clergé , fol. mff.

335 Mém. du Clergé de France, Rec. par le
Gentil , Paris 1675 , 6 vol. fol.

336 Les mêmes , Rec. par le Merre , *Paris*, 1716 *& suiv.* 12 *vol. fol.*

337 Des mêmes , *les Tomes* 10 *&* 11 *séparém.*

338 Code des Curés, *Paris*, 1736, 2 *vol.* 12.

339 Le Notaire Apoftol. *Paris* 1730 2 *vol.* 4.

Droit Civil.

340 Petrus Faber de diverfis Regulis Juris, *Parif.* 1585 , *fol.*

341 Bronchorft de diverfis Regulis Juris , *Amft.* 1657, 16.

342 Codex Theodofianus , cum notis Gothofredi , *Lug.* 1665. 5 *vol. fol. en* 4.

343 Pandectæ Juftinianæ in novum ordinem digeftæ. *Parif.* & *Carnuti.* 1748. *& feqq.* 3 *vol. fol.*

344 Inftitut. Juftiniani. *Amft. Elzevir.* 1676. 24.

345 Eædem cum notis Vinnii. *Parif.* 1713, 12.

346 Eædem *Aurelliæ* 1743. 2 *vol.* 12.

347 Inftitutes de Juftinien, lat. & franc. par de Ferriere *Paris.* 1734 7 *vol.* 12.

348 Joann. Faber in Inftitut. *Lugd.* 1560 *fol.*

349 Joan. Schneidevinus in inftituta , *Lugduni* 1681, 4.

350 Hift. de la Jurifprud. Romaine, par M. Terraffon , *Paris* 1750 , *fol*

351 De Ferriere , nova & Methodica Juris Civilis Tractatio. *Parif.* 1730. 2 *vol.* 12.

352 Corpus Juris Civilis , cum notis Gotofredi , *Lugd.* 1583, 3 *vol.* 4.

353 Idem , *Paris*, *Vitrai*, 1628 2 *vol. fol. c. m.*

354 Idem , *Amft. Elzevir.* 1663 2 *vol. fol.*

355 Idem , *Amft. Elz.* 1681. 4 *vol* 8. *pap. bl.*

356 Idem, cum Gloffis & indice d'Aoys. *Ge-*

nevæ 1625 , 6 *vol. fol.*

357 Ant. Mornacus in Codicem & in Digef-
tum *Paris* 1721 , 4 *vol. fol.*

358 P. & Franc. Pitœi Obfervat. in Codicem
& Novellas . *Parif. E Typogr. Regiâ* 1689 , 2
vol. fol. c. m.

359 Loix Civiles dans leur Ordre Naturel , par
Domat , *Paris* 1691 & *fuiv.* 5 *vol.* 4.

360 Les mêmes avcc le *Legum delectus* , *Paris*
1745. *fol.*

361 Rec. de Jurifprudence du droit Ecrit &
Coutumier par de la Combe , *Paris* 1752 . 4.

Interpretes du Droit.

362 Andreæ Tiraquelli Opera , *Lugd.* 1574 &
feqq. 5 *vol. fol.*

363 C Molinæi Opera , *Parif.* 1681. 5 *vol. fol.*

364 Ant. Fabri Opera Juridica , *Lugd.* 1658 ,
11 *vol. fol. en* 10.

365 P. Zacchiæ Queftiones Medico-Legales ,
Avenione 1653 , *fol.*

366 Œuvres de Bacquet , augment. par de Fer-
riere , *Par.* 1688 , *fol.*

367 Les mêmes , *Lyon* 1744. 2 *vol. fol.*

368 Œuvres de Julien Peleus , *Par.* 1631 , *fol.*

369 Œuvres de Defpeiffes , *Lyon* 1726 2 *vol.*
fol. en un.

370 Œuvres de Coquille *Par.* 1666 2 *vol. fol.*

371 Les mêmes , *Bordeaux* 1703 , 2 *vol. fol.*

372 Œuvres de Grimaudet , *Par.* 1669. *fol.*

373 Œuvres de Loifeau , *Par.* 1660 *fol. gr. pap.*

* 373 Les mêmes , *Par* 1678 *fol.*

374 Œuvres d'Henrys avec les notes de Bre-
tonnier , *Par.* 1708. 2 *vol. fol.*

375 Les mêmes, *Par.* 1738 , 4 *vol. fol.*

376 Œuvres de Choppin , *Par.* 1662 , 5 *vol. fol. gr. pap.*

377 Div. Opufcules de Loifel , *Par.* 1652 ; 4.

Droit François.

378 Lindenbrogi Codex Legum Antiquarum , *Francf.* 1593. *fol.*

379 Corbin , Loix de la France , *Par.* 1613. 4.

380 Pandectes du Droit François , par Charondas le Caron, *Par* 1637 , 2 *vol* . *fol.*

381 Inftitution au Droit François, par Argou, *Par.* 1719 2 *vol.* 12.

382 Biblioth. du Droit Franc. Rec. par Bouchel avec les notes de Bechefer. *Par.* 1671 , 3 *vol. fol.*

383 Queftions not. de Droit. Rec. par le Prêtre avec les notes de Gueret , *Par.* 1695. *fol.*

384 Queftions not. de Droit , Rec. par Soefve , *Par.* 1682 2 *vol. fol. en un.*

385 Science des Notaires , par de Ferriere , *Par.* 1704. 4.

386 La même, *Par.* 1752 , 2 *vol.* 4.

387 Le Parfait Procureur , par Noel Duval , *Lyon*, 1705 2 *vol.* 4.

388 Stile des Huilliers, *Par.* 1704 , 12.

389 Introd. à la Pratique , par de Ferriere, *Par.* 1719. 12.

390 Praticien Univerfel de Couchot , par de la Combe , *Paris*, 1747 6 *vol.* 12

391 Le même , 2 *vol.* 4.

392 Pragmatica Sanctio , cum notis Guimier ftud. Pinffonii, *Paris* 1666 ; *fol.*

Edits & Ordonnances.

393 Compilat. chronol. des Ordonnances, par Blanchard, *Paris* 1715. 2 *vol. fol. en un.*

394 Neron, Rec. des Ordonnances des Rois de France, *Paris* 1666. *fol.*

395 Les mêmes, *Par.* 1720. 2 *vol. fol.*

396 Codes 1667, 1670, & Coutumes de Normandie, 1689. *in* 24.

397 Ordonn. de 1667. par le Civil, *Par.* 1753. *in* 24.

398 Ordonn. de 1669. fur les Eaux & Forêts, *Par.* 1714. 24.

399 Ordonn. de 1670. pour les Mat. Criminelles, *Par.* 1738. 24.

400 Style Civil & Criminel, par Gauret, *Par.* 1715. 2 *vol.* 4.

401 Le même, *Par.* 1734. 2 *vol.* 12.

402 Ord. de Louis XIV. concern. la Jurifdict. des Prevôt des Marchands & Echevins de la Ville de Paris, *Par.* 1676. *fol.*

403 Ord. de 1780. fur les Aydes & Gabelles, *Par.* 1703. 24.

404 Jacquin, Conférence de l'Ord. fur les Aydes, *Par.* 1703. 4.

405 Dict. des Aydes, par Brunet de Granmaifon, *Par.* 1730. 12.

406 Edits & Ordonnances du Roi fur le fait de la Marine, *Par. Impr. Royale*, 1677. 4.

407 Ord. de 1681. fur la Marine, *Paris* 1720. *in* 24.

408 Confér. de l'Ordonnance de la Marine en 1681. *Par.* 1714. 4.

D

409 Conférence des Ord. de Louis XIV. par Bornier, *Par.* 1744. 2 *vol.* 4.

410 Conférence de l'Ordonnance des Eaux & Forêts, *Par.* 1725. 2 *vol.* 4.

411 Mem. Alphabétique des Eaux & Forêts, par Noel, *Par.* 1729. 24.

412 Mémorial alphabétique, concernant la Justice, Police & Finances, *Par.* 1724. 2 *vol.* 8. en un.

413 Réglem. sur les Tailles, *Rouen*, 1710. 12.

414 Ordonnance de Louis XV. concernant les Donat. &c. *Par.* 1740. 24.

415 Conférence de l'Ordonn. des Donations, par M. Damours, *Par.* 1753. 8.

416 Comment. sur les Ordonn. de Louis XV. par de La Combe, *Par.* 1743. 4.

417 Rec. d'Arrêts, Edits &c. au sujet de la Religion Prêt. Réformée, *Par.* 1701. 8.

418 Rec. d'Edits & Arrêts, concernant les immunités des Chevaliers &c. de l'Ordre du S. Esprit, *Par.* 1730. 4.

419 Rec. d'Edits, concern. les Domaines, *Par.* 1690. 4.

420 Rec. d'Edits, concernant les Mariages, *Par.* 1707. 8.

421 Rec. d'Edits & Arrêts, concernant les Saisies-Réelles, *Par.* 1705. 8.

422 Rec. de Réglemens, concernant les Droits réservés, *Par.* 1723. 4.

423 Rec. d'Edits & Arrêts, concernant le Droit de confirmation pour les Offices &c. *Paris*, 1727. 4.

424 Rec. d'Edits & Ordonn. sur les Mines & Minieres de France, *Par.* 1653. 8.

425 Rec. d'Ordonn. pour les Gens de guerre,
Par. 1691. *& fuiv.* 15 *vol.* 12.

426 Code Militaire, rec. par le Baron de Sparre, *Par.* 1708. 12.

427 Code des Commenfaux de la Maifon du Roi, *Par.* 1720. 12.

428 Code de la Voierie, *Paris*, 1735. 2 *vol. in* 12.

Arrétiftes.

429 Biblioth. des Arrêts, par Jovet, *Par.* 1669. *in fol.*

430 Dict. des Arrêts, par Brillon, *Par.* 1727. 6 *vol. fol.*

431 Annæi Roberti res Judicatæ, *Paris*, 1596. *in fol.*

432 Journal des Audiences du Parlement, rec. par Dufrefne, *Par.* 1665. *& fuiv.* 5 *vol. fol.*

433 Le même, avec la continuation, *Par.* 1733. *& fuiv.* 6 *vol. fol.*

434 Journal du Palais, par Blondeau & Gueret, *Par.* 1737. 2 *vol. fol.*

435 Dictionn. des Maximes & Décifions du Palais, rec. par Laville, *Par.* 1692. *fol.*

436 Arrêts du Parlement de Paris, rec. par Louet, avec les Notes de Brodeau, *Par.* 1712. 2 *vol. in fol.*

437 Les mêmes, *Par.* 1742. 2 *vol. fol.*

438 Arrêts du Parlement de Paris, rec. par Bardet, avec les Notes de Berroyer, *Paris* 1690. 2 *vol. fol. en un.*

439 Arrêts notables, rec. par Augeard, *Paris*, 1710. *& fuiv.* 3 *vol.* 4.

D

440 Arrêts du Parlement de Bourgogne, rec. par Bouvot, *Genéve*, 1623. 2 *vol.* 4.

441 Arrêts du Parlement de Bretagne, rec. par Frain, *Rennes*, 1674. 4.

442 Plaidoyers & Arrêts du Parlement de Grenoble, rec. par Baffet, *Grenoble*, 1668. 2 *vol. in fol.*

443 Arrêts du Parlement de Provence, rec. par Boniface, *Par.* 1670. *& fuiv.* 5 *vol. fol.*

444 Arrêts du Parlement de Provence, rec. par de Bezieux, ferv. de fuite au Rec. précédent, *Par.* 1750. *fol.*

445 Arrêts du Parlement de Tolofe, rec. par Maynard & Defcorbiac, *Paris*, 1638. 2 *vol. in fol.*

446 Arrêts du Parlement de Touloufe, rec. par de Catellan, *Touloufe*, 1740. 2 *vol.* 4.

Traités fur le Droit.

447 Bruneau, Traité des Criées, *Paris*, 1704. *in* 4.

448 Thibaut, Traité des Criées & Decrets, *Dijon*, 1746. 2 *vol.* 4.

449 Denis le Brun, Traité de la Communauté, *Par.* 1734. *fol.*

450 Boucher d'Argis, Traité des Gains nuptiaux & de furvie, *Lyon*, 1738. 4.

451 Oeuvres de Renuffon, *Par.* 1724. *& fuiv.* 4 *vol.* 4.

452 Havemannus de Jure Connubiorum, *Stadæ* 1656. 4.

453 Bellami, de la Perfection & Confection des

Papiers Terriers du Roi, *Par.* 1746. 4.

454 Denis Salvaing, de l'usage des Fiefs, *Gren.* 1668. *fol.*

455 Brussel, de l'usage des Fiefs en France, *Paris*, 1727. 2 *vol.* 4.

456 Galland, du Franc-Aleu & Droits Seigneuriaux, *Par.* 1637. 4.

457 P. Caseneuve, instruct. pour le Franc-Aleu de Languedoc, *fol.*

458 Le même, *Tolose*, 1645. *fol.*

459 Instruct. pour la perception des Droits des Domaines &c. *Par.* 1738. 8.

460 Traité de la Majorité de nos Rois & des Régences du Royaume, avec un Traité des Prééminences du Parlement de Paris, *Amst.* 1722. 2 *vol.* 8.

461 Jean Marais, du Droit d'indemnité des Seigneurs, *Par.* 1696. 12.

462 De la Rocheflavin, sur les Parlemens de France, *Bourdeaux*, 1617. *fol.*

463 Titres, Fonctions & Priviléges des Trésoriers de France, rec. par Fournival, *Par.* 1655. *in fol.*

464 Traité de la Police, par de la Mare, avec la suite, *Par.* 1705. & *suiv.* 4 *vol. fol.*

Coutumes.

465 Guesnoys, Conférence des Coutumes, *Par.* 1596. 2 *vol. fol.*

466 Coutum. général, par de Richebourg, *Par.* 1728. 8 *vol. fol.*

467 Coutumier de Picardie & de Vermandois, *Par.* 1726. 4 *vol. fol.*

468 Le Grand, fur les Coutumes de Flandres, *Cambray*, 1719. *3 vol. fol.*

469 Dufrene, fur la Coutume d'Amiens, *Par.* 1662. *fol.*

470 Dupineau fur la Coutume d'Anjou, *Angers*, 1646. *fol.*

471 Coutume d'Arras, *Par.* 1746. *4.*

472 Maillart, fur la Coutume d'Artois, *Paris*, 1704. *4.*

473 Le même, *Par.* 1739. *fol.*

474 Aymo in confuet. Arverniæ, *Parif.* 1549. *in fol.*

475 Née de la Rochelle, fur la Coutume d'Auxerre, *Par.* 1749. *4.*

476 Coutume de Bar, *Par.* 1698. 12.

477 Ragueau, fur la Coutume de Berry, *Paris*, 1615. *fol.*

478 Sylvain Dufour, fur la même, *Par.* 1673. *in 1.*

479 Pontanus in confuet. Bleffenfem, *Par* 1677. *fol. C. M.*

480 Duret, fur la Coutume de Bourbonnois, *Lyon*, 1584 *fol.*

481 Auroux des Pommiers, fur les mêmes, *Par.* 1732. *fol.*

482 Boerius in confuet. Bituricenfes &c. *Francof.* 1575. *fol.*

483 Claude de Rubys, fur la Coutume de Bourgogne, *Lyon*, 1580. *4.*

484 Chaffenæus in confuet. Burgundiæ, *Lugd.* 1584. *fol.*

485 Bouvot, fur la Coutume de Bourgogne, *Genéve*, 1632. *4.*

486 Statuts de Breffe, Bugey &c. par Collet, *Lyon*, 1698. *fol.*

487 Texte de la Coutume de Bretagne, *Rennes*, 1730. 24.

488 Dargentré , in consuet. Britanniæ , *Parif.* 1608. *fol.*

489 Pinault Desjaunaux , sur la Coutume de Cambray , *Douay* , 1691. 4.

490 Billecart , sur la Cout. de Châalons , *Paris*, 1676. 4.

491 Du Moulin & Duloren , sur les trois Coutumes de Châteauneuf , Chartres & Dreux , *Chartres* , 1645 . 4.

492 Mem. concern. le Comté-Pairie d'Eu , par Froland , *Par.* 1722. 4.

493 Carol. de Mean ad jus Civile Leodiensium, *Leodici Eburonum* , 1670. 2 *vol. fol.*

494 Abrah. Fabert , sur les Cout. de Lorraine , *Metz* , 1657. *fol.*

495 L'Hoste, sur les Coutumes de Lorris & Montargis, avec les Notes de Dumoulin , *Paris* , 1629. 4.

496 Le Proust , sur la Coutume de Londunois , *Saumur* , 1612. 4.

497 Guill. le Rouille , sur la Coutume du Maine, *Par.* 1535. *fol.*

498 Berault , Godefroy & Daviron , suc la Coutume de Normandie , *Rouen* , 1684. 2 *v fol.*

499 Differt. sur les Aydes chevels de Normandie , par Dejort , *Roucn* , 1706. 12.

500 Coutumes de S. Omer, *Par.* 1744. 4.

501 De la Lande , sur la Coutume d'Orleans , *Orleans* , 1673. *fol.*

502 Guerinus in Jus Civile Parisiorum , *Parif.* 1634. *fol.*

503 Tronçon, fur la Coutume de Paris, *Paris,* 1664. *fol.*

504 Brodeau, fur la même, *Par.* 1669. 2 *vol. in fol.*

505 De Ferriere, fur la même, *Par.* 1685. 3 *vol. fol.*

506 La même, *Par.* 1714. *4 vol. fol.*

507 La même, avec les Notes de Sauvan d'Aramon, *Par.* 1719. 2 *vol.* 12.

508 Le Maitre, fur la même Coutume, *Paris,* 1741. *fol.*

509 Auzanet, fur la même, *Par.* 1708. *fol.*

510 Dumoulin, fur la Coutume du grand Perche, *Par.* 1659. 8.

511 Borderius & Conftantius, in confuet. Pictonum, *Auguftoriti Pictonum,* 1659. *fol.*

512 Boucheul, fur la Coutume de Poitou, *Poitiers,* 1727. 2 *vol. fol.*

513 De Buridan, fur la Coutume de Rheims, *Par.* 1665. *fol.*

514 Jean Penon, fur les Coutumes de Sens, *Lyon,* 1732. 12.

515 De Thou, Faye & Viole, fur la Coutume de Vermandois, *Rheims,* 1585. *4.*

Plaidoyers & Factums.

516 Oeuvres de Patru, *Par.* 1732. 2 *vol. 4.*

517 Confultations fur diverfes Matieres, rec. par de Cormis, *Par.* 1735. 2 *vol. fol.*

518 Rec. des Piéces des Princes légitimes & légitimés, *Rott.* 1717. *4 vol. 12.*

SCIENCES

SCIENCES ET ARTS.
PHILOSOPHIE.
Logique & Morale.

519 Historia Philosophiæ, stud. Thomæ Stan-
leii. *Lipsiæ* 1711. 2 *vol.* 4.

520 Ann. Senecæ opera, ex emend. Lipsii, *Amst.*
1628. 2 *vol.* 12.

521 Eeadem, *Lugd. Bat.* 1640, 3 *vol.* 16 *l. r.*

522 Seneca da Benedetto Varchi, *In Vinegia,*
1564, 16.

523 Boetius in usum Delphini, *Lut. Paris.*
1680 4.

524 Principes de Philosophie, trad. de Descar-
tes, *Paris* 1723, 12.

525 Abregé de la Philosophie de Gassendi par
Bernier, *Lyon* 1678. 7 *vol.* 12.

526 Edm. Pulchotti Philosophia, *Paris.* 1733.
5 *vol.* 12.

527 Dagoumeri Philosophia ad usum Scholæ
accommodata. *Lugd.* 1746, 4 *vol.* 12,

528 Philosophus in utramque partem, autore
Duhan. *Paris.* 1735. 12.

529 Principes de Philosophie, par l'Abbé Ge-
nest., *Paris* 1716 8.

530 Elemens de Physique, ou Introd. à la
Philosophie de Neuton, trad. de Sgravesande.
Paris 1747. 2 *vol.* 8.

531 Elém. de Philosophie de Neuton, par M.
de Voltaire, *Dresde* 1749, 8.

532 Exam. & Refut. des Elém. de Neuton,

par Banieres, *Paris* 1739. 8.

533 Elém. de Philosophie Mod. par P. Massuet.
Amst. 1752, 2 *vol.* 12. *fig.*

534 Philosophie du Bon Sens, par le Marquis
Dargens, *La Haye*, 1747, 2 *vol.* 12.

535 Essai Philos. sur l'Entendem. Hum. trad.
de Locke, par Coste, *Amst.* 1729, 4.

536 Abregé de l'Essai de Locke, trad. par Bof-
set, *Londres* 1746, 12.

537 Le même, *Londres* 1751, 12.

538 Examen du Pirrhonisme par Crousas, *la
Haye*, 1533, *fol.*

539 Abregé de la Logique de Crousaz, *Amst.*
1737 2 *vol.* 12.

540 La Logique par M. Nicole, *Par.* 1714. 12.

541 Epicteti Enchiridion cum Cebetis Tabu-
la. G. Lat. *Amst.* 1630, 24.

542 Le Militaire en Solitude, *Paris* 1725. 12.

543 Réflex. Morales. de l'Emp. Marc Anton.
avec les Rem. de Dacier. *Amst.* 1740, 12.

544 Pensées du Comte d'Oxenstirn, *la Haye*,
1740 2 *vol.* 12. *en un.*

545 Réflexions Morales de la Rochefoucauld,
avec les notes d'Amelot de la Houssaie. *Pa-
ris* 1743, 12.

546 Réflex. Morales, Satiriques & Comiques,
Cologne, 1711 12.

547 De la Sagesse, par P. Charron, *Amst. El-
zevir* 1661, 12. *maroq.*

548 Pensées div. sur l'Homme, par Pecquet,
Paris 1738. 12.

549 Pensées diverses, par M. Etienne Coevilhe.
Paris. 1752, 12.

550 Maximes de Balt. Gracien, trad. de l'Es-
pagnol. *Paris* 1730, 12.

551 L'Art de se connoître soi-même, par Ab-
badie, *Rotterd.* 1692, 12.

552 Traité de l'opinion, par M. de Saint-Au-
bin, *Paris* 1733, 10 *vol.* 12.

553 Le même, *Paris* 7 *vol.* 12.

554 Avis d'une Mere à son fils, & à sa fille,
par Me Lambert. *Paris* 1728, 12.

555 De l'Education des Filles, par M. de Fe-
nelon, *Paris* 1729, 12.

556 De la certitude des connoissances hum.
trad. de l'Angl. *Londres* 1741, 12.

557 Joh. Amos Comenii Orbis sensualium pic-
tus, *Noribergæ* 1729 8. *fig.*

558 Le Spectateur ou le Socrate moderne;
Amst. 1732 *& suiv.* 6 *vol.* 12.

559 Le Babillard, trad. de l'Anglois, *Amst.*
1724, 12.

560 The Observator By l'Etrange, *London.*
1684, 2 *vol. fol.*

561 La Fable des Abeilles, ou les Fripons de-
venus honnêtes gens ; trad. de l'Angl. de
Mandeville, *Londres*, 1740. 4 *vol.* 12.

562 La meme, *Londres* 1750, 4 *vol.* 12.

563 La Bagatelle, ou Discours ironiques, par
Van Effen. *Lausanne* 1743, 2 *vol.* 12.

564 Le Misantrope, trad. de l'Anglois, *la
Haye* 1742, 2 *vol.* 12.

565 Caractères de Theophraste, par de la Bruye-
re, *Paris* 1700, 2 *vol.* 12.

566 Les Caractères par M. de Puisieux, *Lon-
dres* 1750, 12.

567 Conseils à une Amie par Me de Puisieux,
1749, 12.

568 De Officiis à Domino Joanne Nic. Mau-

rocordato Voivoda, Gr. Lat. *Lipſiæ* 1722, 4.

569 Cicero de Officiis, ex recenſ. Grævii cum notis *Amſt.* 1688, 8.

570 Offices de Ciceron, lat. franc. par du Bois, *Paris* 1698. 12.

571 Ciceronis Tuſculanæ Diſputationes ex recenſ. Daviſii. *Cantab.* 1708. 8.

572 Tuſculanes de Ciceron, trad. avec des Rem. de Bouhier & de d'Olivet; *Paris* 1727, 12.

573 Cicero de Amicitiâ, *Pariſ.* 1750, 32 *mar.*

574 Deux Livres de la Divinat. de Ciceron, trad. par l'Abbé Regnier. *Paris* 1710, 12.

575 L'Art de ne ſe point ennuyer, par M. Deſlandes, *Amſt.* 1750, 12.

Politique & Commerce.

576 Elémens de Politique, par Thomas Hobbes, *Leyde Elzevir* 1653, 16.

577 Elémens du Citoyen, par le même, *Paris* 1651. 12.

578 Diſc. Politiques de Machiavel, ſur Tite-Live, *Amſt.* 1701. 2 *vol.* 12.

579 De l'Eſprit des Loix, par M. de Monteſquieu, *Amſt.* 1749. 4 *vol.* 12.

580 Le même, *Geneve*, 1749, 2 *vol.* 4.

581 Principes du Droit Politique par Burlamaqui, *Amſt.* 1751, 4.

582 Traité Philoſop. des Loix naturelles, trad. de Cumberland, par Barbeyrac. *Am.* 1744. 4.

583 Droit de la Nature & des Gens, trad de Puffendorf, par Barbeyrac, *Amſt.* 1734. 2 *vol.* 4. *gr. pap.*

584 Le même, *Londres* 1740, 3 *vol.* 4.

585 Droit de la Guerre & de la Paix, trad. de Grotius, par Courtin, *La Haye* 1703, 3 *vol.* 12.

586 Devoirs de l'Homme & du Citoyen, trad. de Puffendorf, par Barbeyrac. *Trevoux* 1747. 2 *vol.* 12.

587 Inſtitution d'un Prince, par Duguet, *Londres* 1750, 4 *vol* 12.

588 Le Prince de N. Machiavel, avec les notes d'Amelot de la Houſſaie. *Amſt.* 1684. 12.

589 Anti-Machiavel, par M. de Voltaire. *Amſt.* 1741, 8.

590 Le Prince de Frapaolo, trad. *Berlin* 1751, 12.

591 Projet d'une dixme Royale, par Vauban. 1707, 12.

592 De la maniere de Négotier avec les Souverains, par de Callieres. *Londres*, 1750, 2 *vol.* 12.

593 Le Miniſtre public dans les Cours Etrangeres, par du Franqueſnay. *Par.* 1731, 12.

594 Intérêts des Puiſſances de l'Europe, par Rouſſet. *La Haye*, 1736, 3 *vol.* 4.

595 Maximes des Princes & Etats Souverains. *Cologne*, 1665, 12.

596 Hiſt. des Anc. Traités de Paix. Rec. par Barbeyrac. *Amſt.* 1739, 2 *vol. fol. en un.*

597 Lettres Mém. & Négotiations du Comte d'Eſtrades. *La Haye*, 1719, 6 *vol.* 12.

598 Actes, Mémoires, &c. concernant la Paix d'Utrecht. *Utrecht*, 1714, 6 *vol.* 12.

599 Idée d'une République heureuſe ou l'Utopie de Thomas Morus trad. par Gueudeville *Amſt.* 1730, 12. *fig.*

600 Eſſai ſur l'intérêt des Nations & ſur l'Homme. 1749, 12.

601 Dict. Univerf. du Commerce, par Savary. *Par.* 1723 & 1730, 3 *vol. fol.*

602 Bibliotheque des Négotians, par de la Rue. *Lyon,* 1747, 4.

603 Traité des Changes, par Oldenbourg. *Londres,* 1735, 4. Angl.

604 Combinaifon générale des Changes, par Darius. *Par.* 1728, 3 *vol.* 4.

Métaphyfique, Phyfique, &c.

605 De l'action de Dieu fur les Créatures, Traité de la Prémotion Phyfique par Bourfier. *Lille,* 1713, 6 *vol.* 12.

606 Le même. 2 *vol.* 4.

607 Le même. *Par.* 1714, 4.

608 De l'Exiftence de Dieu trad. de Clarke. *Amft.* 1727, 3 *vol.* 12.

609 Traité de Phyfique, par Rohault. *Paris,* 1675, 2 *vol.* 12.

610 Œuvres Pofthumes du même. *Par.* 1682, 4.

611 Entretiens Phyfiques, par le P. Regnault. *Par.* 1745, 5 *vol.* 12.

612 Effai de Phyfique trad. de Muffchenbroek, par Maffuet. *Leyde,* 1751, 2 *vol.* 4. *fig.*

613 Cours de Phyfique expérimentale, par le P. Pezenas. *Par.* 1751, 2 *vol.* 4. *fig.*

614 Obferv. Cur. fur toutes les parties de la Phyfique. *Par.* 1719. & *fuiv.* 3 *vol.* 12.

615 Rec. de différens Traités de Phyfique & d'Hift. Naturelle, par M. Deflandes. *Paris,* 1748, 12.

616 Phyf. Occulte, par de Vallemont. 1696, 12.

617 La même. *La Haye.* 1747, 2 *vol.* 12.

618 {
Le Monde enchanté trad. de Becker. *Amſt*
1684.
Traité Hiſt. des Démons. *Delff.* 1696
Londres, 5 *vol.* 12.
}

619 Le Comte de Gabalis par l'Abbé de Villars.
1742, 2 *vol.* 12.

620 Traité hiſt. & Dogm. ſur les Apparitions,
par l'Abbé Lenglet Dufreſnoy. *Avig.* 1751.,
2 *vol.* 12.

621 H. Cornelii Agrippæ Opera. *Lugd. per Bе-
ringos fratres*, 2 *vol.* 8.

622 De Incertitudine & Vanitate Scientiarum.
Hagæ Comitum, 1653, 12. *maroq.*

623 Le même trad. 1603, 12.

624 Le même traduit par Gueudeville. *Leyde*,
1726, 3 *vol.* 12.

625 Philoſophie Occulte trad. du même. *La
Haye*, 1727, 2 *vol.* 8.

626 Eſſai ſur les Erreurs populaires traduit de
Brown. *Par.* 1738, 2 *vol.* 12.

627 Les Préjugés du Public avec des Obſervat.
par M. de Neſle. *Par.* 1747, 2 *vol.* 12.

628 Lettres Philoſophiques ſur les Phyſiono-
mies. *La Haye*, 1750, 2 *vol.* 12.

629 Origine de l'Univers expliqué par un prin-
cipe de la matiere. *Berlin*, 1748, 12.

630 Hiſt. crit. de l'Ame des Bêtes, par M. Guer.
Amſt. 1749, 2 *vol.* 8.

HISTOIRE NATURELLE,

Botanique & Agriculture.

631 Plinii Hiſt. Naturalis, ſtud. Harduini. *Pariſ.*
1681, 5 *vol.* 4.

632 J. Jonstonti Thaumaiographia Naturalis.
Amst. 1665 , 16.

633 Observations de plusieurs Singularités, par
P. Belon. *Par.* 1553 , 4. *lav. reglé , 3 filets d'or.*

634 Guill. Pisonis Historia Naturalis & Medica.
Amst. 1658 , *fol. fig.*

635 Joan. Raii. Hist. Plantarum. *Lond.* 1686 ,
2 *vol. fol.*

636 Dict. des Drogues simples, par Lemery. *Par.*
1714 , 4.

637 Dict. Univers. des Drogues simples , par
Pomet. *Par.* 1695 , *fol.*

638 Jonstonus de Arboribus. *Francf. ad Manum.*
1662 , *fol.*

639 Hist. des Plantes , par Bauhin. *Lyon,* 1737,
2 *vol.* 12.

640 Hist. des Plantes des Environs de Paris , par
de Tournefort. *Par.* 1725 , 2 *vol.* 12.

641 Traité du Tabac, par Baillard. *Par.* 1668, 12.

642 Le Spectacle de la Nature , par M. Pluche.
Par. 1739. *& suiv.* 3 *vol.* 12.

643 Doutes & Observat. de M. Klein sur la re-
vûe des Animaux , des Quadrupedes & Am-
phibies du système de M. Linneus , sur les
Crustacés, les Animaux qui ruminent, & la
vie de l'Homme, &c. *Par.* 1754 , 8.

644 Jonstonus de Animalibus. *Amst.* 1658 4 *v. f.*

645 Mart. Lister de Animalibus Angliæ. *Lond.*
1678 , 4.

646 C. Linnæi Elenchus Animalium per Sue-
ciam, &c. *Lugd. Bat.* 1743 , 8.

647 Histoire des Poissons, par Rondelet. *Lyon,*
1558 , *fol. 3 filets*

648 Joann. Suvammerdammii Biblia Naturæ sive
Hist.

Hift. Infectorum, ftud. Boerhaave & Gaubii.
Leyda, 1737, 2 vol. fol. fig.

649 Fr. Redus de Generat. Infectorum. Amft.
1686, 16.

659 { Differt. fur la générat. & transformation
des Infectes de Surinam, par Merian,
lat. & franç. La Haye, 1726.
Hift. des Infectes de l'Europe trad. de
Merian, par Marret. Amft. 1730, 2 vol.
fol. gr. pap.

651 Goedartius de Infectis, ftud. Lifter. Lond.
1685, 8.

652 Joann. Goedartii Hiftoria Infectorum. Me-
dioburgi, 2 vol. 12. fig.

653 Hift. des Infectes, par M. de Reaumur. Amft.
1713. & fuiv. 10 vol. 12. fig.

654 Dictionnaire Botanique. Par. 1750, 8.

655 Cato, Varro, & Columella de re Ruftica.
Bafilaa, 1535, 4.

656 Dict. Univerf. d'Agriculture & de Jardina-
ge. Par. 1751, 2 vol. 4.

657 L'Agriculture parfaite d'Agricola. Amfterd.
1752, 2 vol. 8.

658 Théâtre d'Agricult. & Menage des Champs,
par Liger. Par. 1723, 4.

659 Le Jardinier Solitaire. Par. 1738, 12.

*Médecine, Chirurgie, Anatomie, Chimie &
Œconomie.*

660 Dict. Univerf. de Médecine trad. de Langl.
Par. 1746. & fuiv. 6 vol. fol.

661 Joann. Jac. Mangeti Bibliotheca fcript. Me-
dicorum. Geneva, 1731, 4 vol. fol.

662 Médecine Théolog. par Hecquet. *Paris*, *1733*, 2 *vol. 12.*

663 Inftituts de Médecine, par Ettmuler. *Lyon*, *1693*, *8.*

664 Pratique Génér. de Médecine, par le même *Lyon*, *1699*, 2 *vol. 8.*

665 Pratiq. fpéciale du même. *Lyon*, *1698*, *8.*

666 Abregé de la Médecine, Pratique, Trad. d'Allen. *Par. 1741*, *7 vol. 12.*

667 Le même. *Par. 1753*, *7 vol. 12.*

668 Helvetius, Traité des Maladies les plus fréquentes. *Par. 1724*, 2 *vol. 12.*

669 Le même. *Par. 1740*, 2 *vol. 12.*

670 Chirurgie complette, par le Clerc. *Paris*, *1743*, 2 *vol. 12.*

671 Traité des Opérations de Chirurgie, par Garengeot. *Par. 1748*, *3 vol. 12.*

672 Oftéologie ou fuite du Guydon de S. Côme, par Janfon. *Par. 1727*, *12.*

673 Rec. des Prognoftics dangéreux & mortels dans les maladies. *Par. 1736*, *16.*

674 Diſſertat. fur l'incertit. des fignes de Mort, trad. de Winflou par Bruhier. *Par. 1742*, *12.*

675 Obfervat. fur la Nat. des Playes, par M. Chirac. *Par. 1741*, *12.*

677 Traité de la Structure du Cœur, par M. de Senac. *Par.* 2 *vol. 4. fig.*

678 De l'ufage des faignées, par Silva. *Par. 1727*, 2 *vol. 12.*

679 Rec. d'Expériences & Obfervat. fur la Pierre, par Mlle. Stephens. *Par. 1740*, *12.*

680 Traité des Maladies des Femmes, par Mauriceau. *Par. 1721*, 2 *vol. 4.*

681 Emmenologie trad. de Freind, par M. Devaux. *Par. 1738*, 12.

682 Sev. Pinæus de Virginitatis notis. Lud. Bonaciolus de Conformatione Fœtus, &c. *Lugd. Bat. 1641, 16. maroq. d. f. t.*

683 Traité des Maladies Vénériennes, trad. d'Aftruc. *Par. 1743, 4 vol. 12.*

684 Traité des Maladies Aigues des enfans, trad, par Devaux. *Par. 1738*, 12.

685 Traité de l'Organe de Louie, par du Verney. *Leyde, 1731, 12. fig.*

686 Anatomie du globe de l'œil, par Taylord. *Par. 1738, 8.*

687 Remedes domeftiques, Rec. par Fouquet, *Paris 1740, 2 vol. 12.*

688 Tableau de l'Amour, par Venette, avec des Remarques, *Londres 1751, 2 vol. 12.*

689 Le même, 2 *vol.* 12. *gr. pap. moroq.*

690 Jac. Mangeti Theatrum Anatomicum acced. Euftachii Tabulæ Anat. *Geneva 1717, 2 vol. fol.*

691 And. Vefalii Anatomia, *Venetiis, fol. fig.*

692 Anatomia Corporis Humani à Guill. Couper, cum fupplemento. *Lugduni Bat. 1729, fol. gr. pap. v. f.*

693 Drelincurtius de Lienofis, *Lugduni Bataviæ 1711, 12.*

694 Anatomie de l'Homme, par Dionis, *Paris 1698. 8.*

695 Anatomie de Winflow. *Paris 1732. 4.*

696 Anatomie d'Heifter, *Par. 1753, 3 vol. 12. fig.*

697 Bibliothèque des Philofophes Chymiques, *Paris, 3 vol. 12.*

698 Cours de Chymie par Lemery , *Paris*
1730 , 8.

599 Cours de Chymie fur les Principes de Neuton & de Sthall *Paris* 1737. 2 *vol.* 12.

700 Traité de l'Antimoine , par Lemery , *Paris*
1707, 12.

701 Abregé de la Doctrine de Paracelſe , *Paris*
1724, 12.

702 Hiſt. de la Philoſophie Hermetique , par
M. l'Abbé Lenglet , *Paris* 1742. 3 *vol.* 12

703 Secrets les plus cachés de la Philoſophie des Anciens , découverts par Croſſet de la Haume-rie , *Paris* 1722 , 12.

704 Œuvres de Jean Belot , Curé de Milmont. *Liege* , 1704 , 2 *vol.* 12.

705 Curioſités inouies , par Gaffarel , *Paris*
1629, 8.

706 Albertus Magnus de Secretis Mulierum , *Ant.* 1665 , 12.

707 Idem , *Amſt.* 1669, 12.

708 Secrets d'Albert le Grand. *Lyon* 1729. 12.

709 Secrets du Petit Albert , *Lyon* 1729 , 12.

710 Secrets concern. la Beauté des Dames par de Blegny , *paris* 1689 , 2 *vol.* 8.

711 Dict. Œconomique , par Chomel , *Paris*
1743 *& ſuiv.* 4 *vol. fol.*

712 Dictionn. des Alimens, Vins & Liqueurs , *Paris* 1750. 3 *vol.* 12.

Mathématiques.

713 Elémens de Mathématiques , par M. Rivard , *Par.* 4.

714 Mem. de Mathématiques, par Stevens, *Leyde*, 1608. *fol.*

715 Cours de Mathématiques, par Ozanam, *Amst.* 1697. 5 vol. *8. en quatre.*

716 Diction. Mathem. par le même, *Paris*, 1691. *in 4.*

717 Récréations Mathématiques, par le même, *Par.* 1750. *4 vol. 8.*

718 Traité de Trigonomerie, par le même, *Par.* 1711. *8.*

719 Oeuvres de Mathématiques & Physique, par Mariotte, *La Haye*, 1740. 2 *vol. in 4 en un.*

720 Mathématique Universelle, par le P. Castel, *Par.* 1728. *4.*

721 L'Arithmétique de le Gendre, *Paris*, 1753. *in 12.*

722 Changes étrangers de Barême, *Paris*, 1709. *in 8.*

723 Tarif du Toisé superficiel & solide, par Mesange, *Par.* 1743. *8.*

724 Traité d'Algebre, par Rolle, *Paris*, 1690. *in 4.*

725 Analyse démontrée, par le P. Reyneau, *Par.* 2 *vol. 4.*

726 Science du Calcul, par le même, *Par.* 1714. *& suiv.* 2 *vol. 4.*

727 Méthode pour la mesure des surfaces, par Carré, *Par.* 1701. *4.*

728 Traité des Fluxions, trad. de Maclaurin, par le P. Pezenas, *Par.* 1749. 2 *vol. 4.*

729 Elém. de la Géometrie d'Euclide, par Freard du Castel, *Par.* 1740. *12.*

730 Géométrie Elément., d'Euclide, par Gallimard, *Par.* 1749. *12 broc.*

731 Elémens de Géométrie, par le P. Lamy,
Par. 1704. *12.*

732 Elémens de Géométrie, par Malezieux,
Par. 1705. *4.*

733 Les mêmes, *Par.* 1722. *4.*

734 Elém. de Géométrie, par Clairaut, *Paris*,
1741. *8.*

735 Introd. à la Géométrie pratique, par Daudet, *Par.* 1730. *3 vol. 12.*

736 Géométrie pratique, par Maneſſon Mallet,
Par. 1702. *4 vol. 8. fig.*

737 Géométrie pratique de l'Ingénieur, par de
Clermont, *Straſbourg*, 1706. *4.*

738 Pratique de Géométrie ſur le papier & le
terrain, par le Clerc, *Par.* 1669. *12 fig.*

739 Traité de Géométrie, par le même, *Paris*,
1690. *8.*

740 Géométrie pratique à l'uſage des Artiſtes,
par le même, *Par.* 1744. *8.*

741 Géométrie des Lignes, par de Crouſaz,
Ant. 1718. *2 vol. 12.*

742 Géométrie de l'infini, *Par.* 1727. *4.*

743 And. Cellarii harmonia Macroſcomica, cum
figuris pictis, *Amſt.* 1708. *fol. C. M.*

744 Syſtême du Microcoſme, par de Tymogue,
La Haye, 1727. *8.*

745 Entret. ſur la pluralité des Mondes, par
Fontenelle, *Par.* 1708. *12.*

746 Ragionamenti ſu la pluralita dé Mondi,
trad. del Fontenelle, *Pariggi*, 1748. *12.*

747 Manilius cum notis Bentleii, *Londini*,
1739. *4.*

748 Joan. Bapt. Riccioli Almageſtum, *Bono-
niæ*, 1651 2 *vol. fol.*

749 Traité de l'Aurore Boreale, par de Mairan,
Par. 1733. 4.

750 La Méridienne de l'Obſervatoire de Paris,
par de Caſſini, *Par.* 1744. 4.

751 Théorie de la figure de la Terre, par Clai-
raut, *Par.* 1743. 8.

752 L'Horographie curieuſe, par le P. Bobynet,
Par. 12 *fig.*

753 Traité d'Horlogiographie, par le P. de Ste.
Madelaine, *Par.* 1701. 12.

754 Dictionnaire de Marine, par Aubin, *Amſt.*
in 4.

755 Théorie de la Manœuvre des Vaiſſeaux,
par Bernoulli, *Baſle*, 1714. 8.

756 Connoiſſance des Pavillons ou Banieres que
les Nations arborent ſur Mer, *La Haye*,
1737. 4 *fig.*

Muſique.

757 Démonſtrat. du Principe de l'Harmonie,
par Rameau, *Par.* 1750. 8.

758 Traité de la Muſette, *Lyon*, 1672. *fol.*

759 Amadis de Grece, par Deſtouches, *Paris*,
1699. 4 *obl.*

760 Ballet des Saiſons, par Collaſſe, *Paris*,
1695. 4 *obl.*

761 Bellerophon de Lully, *Par.* 1714. *fol. gravé.*

762 Heſione, par Campra, *Par.* 1700. 4 *obl.*

763 Iſis, de Lully, *Par.* 1719. *fol.*

764 Les Muſes, par Campra, *Paris*, 1703. *in*
4. *obl.*

765 Perſée, de Lully, *Par.* 1719. *fol. gravé.*

766 Pirrhus, par Boyer, *Par.* 1730. *4 obl.*

767 Proſerpine, de Lully, *Paris,* 1707. *fol. imp.*

768 Le Triomphe de l'Amour, par Lully, *fol. imprimé.*

769 Ulyſſe, par Rebel, *Par.* 1703. *4 obl.*

770 Zephire & Flore, de Lully, *Paris,* 1688. *fol. imprimé.*

Méchanique, &c.

771 De l'Equilibre des Liqueurs, par Lamy, *Par.* 1687. *12.*

772 Principes ſur le Mouvement & l'Equilibre, *Par.* 1741. *4.*

773 Principes ſur le Mouvement & l'Equilibre, par Trabaud, *en abrégé, Par.* 1743. *8.*

774 Varignon du Mouvement des Eaux, *Par.* 1725. *4.*

775 Oeuvres de Phyſique & de Méchanique, par Mrs Perrault, *Amſt.* 1727. *2 vol. 4.*

776 Nouvelle Méchanique de Varignon, *Par.* 1725. *2 vol. 4.*

777 L'uſage des Globes, par Bion, *Par.* 1728. *in 8.*

778 Rec. des Ouvrages de Mathémat. &c. du cabinet de M. de Servieres, *Lyon,* 1719. *4.*

Arts différens, &c.

779 Lettre ſur le progrès des Sciences, par de Maupertuis, 1752. *12. broché.*

780 Dict. des Arts & des Sciences, par Corneil-
le, *Par.* 173 1. 2 *vol. fol.*

781 Traité de Perspective pratique, par Cof-
tonne, *Par.* 1725. *fol.*

782 Reflex. crit. sur les différentes écoles de Pein-
ture, par M. le Marquis d'Argens, *Par.* 1752.
in 12.

783 Traité de Peinture & de Sculpture, par Ri-
chardson, *Amst.* 1728. 3 *vol.* 8.

784 Traité de Mignature, *Par.* 1711. 12.

785 Gallerie de Luxembourg, peinte par Ru-
bens, *Par.* 1710. *fol. gr. pap. maroq.*

786 Le Labyrinthe de Versailles, avec les figu-
res, 8. *obl. d. f. t.* 3 *filets.*

787 Maniere de graver à l'eau forte, par Bossé,
Par. 1701. 8.

Architecture.

788 Régles des cinq ordres d'Architecture, par
Vignole, *Par.* 1694. 12.

789 Cours d'Architecture de Vignole, par Da-
viler, *Par.* 1691. 2 *vol.* 4.

790 Le même, *Par.* 1750. 4 *fig.*

791 Traité d'Architecture, par de Cordemoy,
Par. 1714. 4.

792 Architecture de Palladio, trad. par Leoni,
La Haye, 1726. 2 *vol. fol. en un, trois filets*
d'or.

793 Architecture moderne, ou l'Art de bien bâ-
tir, *Par.* 1728. 2 *vol.* 4 *gr. pap.*

794 Architecture moderne, ou l'Art de fortifier,
La Haye, 1741. 2 *vol.* 4 *gr. pap. fig.*

795 Pratique du Trait pour la coupe des pierres,
par Defargues, *Par.* 1643. 8.

796 De la coupe des pierres, par le P. Derand,
Par. fol.

797 De la coupe des pierres, par de la Rue,
Par. 1728. *fol.*

798 Théorie pratique de la coupe des pierres,
par Frezier, *Strasbourg*, 1737. *& suiv.* 3.
vol. 4.

Art Militaire, &c.

799 Cours de la science Militaire, par Bardet,
de Villeneuve, *La Haye*, 1740. *& suiv.* 8
vol. 8.

800 Travaux de Mars, ou l'art de la Guerre,
par Manesson Mallet, *Par.* 1685. 3 *vol.* 8.

801 Le parfait Capitaine, 1744. 12. *d. f. tr.*

802 Etudes Militaires, contenant l'exercice de
l'Infanterie, par Botté, *Par.* 2 *vol.* 12.

803 Elémens Militaires, par d'Hericourt, *Par.*
3 *vol.* 12.

804 L'Ecole de Mars, par de Guignard, *Paris*,
1725. 2 *vol. 4.*

805 Le même, 2 *vol. 4 gr. pap.*

806 L'Art de la Guerre, par de Puyfegur, *Par.*
1749. 2 *vol. 4.*

807 Pratique de la Guerre, par Malthus, *Par.*
1650. *4.*

808 Mem. de M. Feuquieres, *Londres*, 1750.
4 *vol.* 12,

809 Maniere de fortifier, felon la Methode
de Vauban, par l'Abbé du Fay. *Paris* 1718. 12,

810 De l'Attaque & de la Défenfe des Places,

par de Vauban. *la Haye* 1737. 4. *gr. pap. fig.*

811 Le Parfait Ingénieur françois , par l'Abbé Deidier , *Paris* 1742. 4.

812 Mém. d'Artillerie , par de S. Remy , *Paris* 1707. 2 *vol.* 4.

813 Traité de l'Artillerie , par M. le Blond , *Paris* 1743. 3 *vol.* 8.

814 Le Bombardier Franc. par Belidor. *Paris* 1731 4. *gr. pap.*

815 Essais sur les effets de la Poudre à canon , par de Morogues , *Paris* 1737 , 8.

816 De la Fonte des Mines, des Fonderies , &c. trad. de Schultter , par Hellot. *Paris* 1750. 4.

817 Service Journalier de l'Infanterie , par de Bombelles , Paris 1719 2 *vol.* 12.

818 Essai sur les Feux d'artifice. *Paris* 1745 8.

819 Traité des Feux d'artifice, par Frezier , *Paris* , 1715 , 12. *fig.*

820 L'Art de la Verrerie , par Haudicquer de Blancourt. *Paris* 1718. 2 *vol.* 12.

821 Le Teinturier Parfait, *Par.* 1716. 2 *vol.* 12.

822 Détails des ouvrages de Menuiserie , par Potain. *Paris* 1749 , 8.

823 Le Parfait Maréchal par de Soleyfel. *Par.* 4.

824 Connoissance parfaite des chevaux , par Saunier , *La Haye* 1734 *fol.*

825 Elemens d'Hippiatrique , ou nouveau Principes sur la connoissance des chevaux , par M. Bourgelat , *Lyon* 1751 & *suiv.* 3 *vol.* 12.

826 Ecole de Cavalerie , par de la Gueriniere , *Paris* 1733. *fol. fig.*

* 826 Méthode pour dresser les chevaux, par le C. de Newcastle. *Lond.* 1737. *fol. pap. imperial*

BELLES LETTRES.

Grammairiens & Orateurs.

827 Des caufes de la Corruption du goût, par
 Me Dacier. *Par.* 1714, 12.
828 Du choix & de la méthode des Etudes, par
 Fleury. *Par.* 1686, 12.
829 Traité des Etudes, par Rollin. *Par.* 1740,
 2 *vol.* 4.
830 Etudes convenables aux Demoifelles. *Litle*,
 1749, 2 *vol.* 12.
831 Amb. Calepini Dictionarium Octo Lingue,
 ftud. la Cerdæ. *Lugd.* 1681, 2 *vol. fol.*
832 Conftantini Lexicon, gr lat. ex Edit. Porti.
 Geneva, 1607, *fol.*
833 Joann. Scapulæ Lexicon, gr. lat. *Amft. El-
 zevir*, 1652, *fol.*
834 Conftantini Thefaurus Linguæ Græcæ, ftud.
 Robertfon. *Cant.* 1676, 4.
835 Schrevelii Lexicon, gr. lat. *Amft.* 1700, 8.
836 Gloffarium ad fcriptores Mediæ & Infimæ
 Latinitatis, Autore du Cange. *Parif.* 1678,
 3 *vol. fol.*
837 Idem, ftud. Bened. *Parif.* 1733. *& feqq.*
 6 *vol. fol.*
838 M^artini Lexicon Philologicum, ftud. Joann.
 Clerici. *Trajecti Bat.* 1711, 2 *vol. fol.*
839 Danetii Dict. Lat. Gallicum. *Lugd.* 1712, 4.
840 Idem. *Lugd.* 1737, 4.
841 Novitius feu Dict. Lat. Gallicum, Aut. Ma-
 gnez. *Parif.* 1750, 2 *vol.* 4.

842 Dict. Etymologique de la Langue Franç. par Menage. *Par.* 1750, 2 *vol. fol.*

843 Dict. de la Langue Franç. par Richelet. *Lyon*, 1728, 3 *vol. fol.*

* 843 Dict. des Mots les plus ufités de la Langue Franç. par Rochefort. *Lyon*, 1685. *fol.*

844 Dictionn. Univerf. par Furetiere. *La Haye*, 1690, 3 *vol. fol.*

845 Dict. Univerfel , lat. & franç. *Trévoux*, 1704, 3 *vol. fol.*

846 Le même. *Par.* 1743 , 6 *vol. fol.*

847 Le même. *Par.* 1752, 7 *vol. fol.*

848 Dictionn. franç. & lat. par Danet. *Amft.* 1710, 4.

849 Dictionn. franç. lat. par Joubert. *Lyon* , 1742, 4.

850 { Grammaire Générale & Raifonnée. Gramm. Italienne. Gramm. Efpagnole. *Par.* 1664, 12.

851 Doutes fur la Langue Franç. par Bouhours. *Par.* 1615, 12.

852 Remarques fur la Langue Françoife , par Vaugelas, avec les Notes de Corneille. *Par.* 1738, 3 *vol.* 12.

853 Traité de l'Ortographe Françoife en forme de Dictionnaire. *Poitiers* , 1747 , 8.

854 Dictionn. des Proverbes Franç. *Bruxelles*, 1710, 12.

855 Le même. *Par.* 1749, 12.

856 Dictionn. Comique , par le Roux. *Lyon* , 1735, 8.

857 Le même. *Amft.* 1750, 8.

858 Le même. *gr. pap.*

859 Dictionn. des Précieufes, par de Somaize.

Par. 1661, 2 *vol.* 8. *maroq.*

860 Dictionn. Néologique, par l'Abbé des Fontaines. *Amst.* 1747, 12.

861 Dictionn. Impérial, Ital. Franç. Allem. & Lat. *Col.* 1743, 2 *vol.* 4.

862 Gramm. Franç. & Allem. par des Pepliers. *Leipsic*, 1749, 8.

863 Dictionn. Ital. Franç. par Antonini. *Par.* 1743, 2 *vol.* 4. *gr. pap.*

864 Dictionn. Angl. & Franç. par Miege. *La Haye*, 1703, 2 *vol.* 8.

865 Le même, par Boyer. *Londres*, 1752, 2 *vol.* 4.

866 Gramm. Angloise, par Rogissard. *Londres*, 1754, 12.

867 La Retorica di Barth. Cavalcanti. *In Vinegia* 1559, *fol.*

868 Rhétorique d'Aristote, par Cassandre. *La Haye*, 1718, 12.

869 Quintiliani Institut Oratoriæ, stud. Rollin. *Paris.* 1715, 2 *vol.* 12.

870 Ciceronis Opera, stud. Schrevelii. *Amst. Elzevir*, 1661, 2 *vol.* 4.

871 Eadem, ex recens. Gruteri & Gronovii. *Lugd. Bat.* 1692, 2 *vol.* 4. *maroq.*

872 Eadem, ex recens. Grævii. *Amst.* 1699. & *seqq.* 11 *vol.* 8.

873 Panegirici veteres in usum Delphini. *Paris.* 1676, 4.

874 Oraisons Funébres prononcées par M. Flechier. *Par.* 12.

875 Oraisons Funébres, par M. Bossuet. *Par.* 12.

876 Oraisons Funébres, par M. Maboul. *Par.* 1748, 12.

POESIE.

Poëtes Grecs & Latins.

877 Diction n. des Rimes par Richelet, revû par M. l'Abbé Berthelin. *Par.* 1751, 8.

878 Gradus ad Parnaßum. *Parif.* 1732, 8.

879 Le Théâtre des Grecs, par le P. Brumoy. *Par.* 1730, 3 *vol.* 4. *d.f. t.*

880 Le même. 3 *vol.* 4. *gr. pap.*

881 Le même. *Amft.* 1732, 6 *vol.* 12.

882 Le même. *Par.* 1749, 6 *vol.* 12.

883 Homeri Ilias, gr. lat. cum Scholis Didymi. *Cant.* 1689, 4.

884 Homeri Ilias & Odiffea, gr. lat. *Amft. Vof-tein,* 1707, 2 *vol.* 12.

885 Iliade & Odiffée d'Homere trad. par de Valterie. *Par.* 4 *vol.* 12.

886 Plutus & les Nuées d'Ariftophane trad. par Mlle le Fevre. *Par.* 1684, 12.

887 Bibliothéque des Poëtes Latins & François. *Par.* 1731, 12.

888 Plauti Comædiæ. *Venetiis Aldus,* 1522, 8.

889 Eædem. *Amft.* 1721, 18.

890 Eædem, cum notis variorum. *Lugd. Batav.* 1669, 8.

891 Terentii Comædiæ, ftud. Jodoci Badii Af-cenfii. *Mediol.* 1521, *fol.*

892 Idem Terentius. *Parif. E. Typogr. Regia.* 1642, *fol.*

893 Idem ex recenf. Heinfiana. *Amft.* 8.

894 Idem. *Urbini,* 1736, *fol. fig.*

895 Idem ex recenf. Weftheroviana *Glafcuæ,* 1742, 8. *c. m.*

896 Idem, *Londini*, 1744. 18.

897 Idem, cum notis Bentleii, *Amst.* 1727. 4.

898 Idem, Accurante Weftherovio, *Hagæ Comitum*, 1726. 2 *vol.* 4.

899 Comédies de Térence, Lat. Franç. avec les Rem. de Dacier, *Rott.* 1717. 3 *vol.* 12.

900 Les mêmes, *Amst.* 1724. 3 *vol.* 12.

901 Anti-Lucretius, *Parif.* 1749. 2 *vol.* 12 en un.

902 Lucretius, ftud. Philippe, *Par.* 1744. 12.

903 Lucrece, Lat. Franç. par le Baron des Coutures, *Par.* 1685. 2 *vol.* 12.

904 Catullus, Tibullus & Propertius, *Venetius Aldus*, 1502.

905 Iidem, *Lond. Tonfon*, 1715. 12.

906 Iidem, *Parif. Coutelier*, 1743. 12.

907 Virgilius, *Lugd. Bat. Elzevir*, 1636. 16. maroq. d.

908 Idem, *Amst.* 1724. 16.

909 Idem, *Amst.* 1730. 12.

910 Idem, *Amst.* 1744. 18.

911 Idem, *Londini*, 1744. 18.

912 Idem, ftud. Philippe, *Paris*, 1745. 3 *vol.* 12.

913 Idem, cum notis variorum, *Lugd. Batav.* 1680. 3 *vol.* 8.

914 Virgile, Lat. Franç. par de Martignac, *Par* 1681. 3 *vol.* 12.

915 Le même, par le P. Catrou, *Par.* 1716. 6. *vol.* 12.

916 Le même, par de la Landelle de Saint-Rémy, *Par.* 1736. 4 *vol.* 12. *en deux.*

917 Le même, avec les Rem. de l'Abbé des Fontaines, *Par.* 1743. 4 *vol.* 8. *gr. pap. fig.*

918 L'Eneide de Virgile, trad. par de Segrais, *Amst.* 1700. 2 *vol.* 12.

919 Horatius ex Recenf. Heinfiana, *Lugd. Bat. Elzevir*, 1629. 2. *vol.* 16. *v.*

920 Idem, *Trajecti ad Rhenum*, 1713. 16.

921 Idem, *Londini Tonfon*, 1715. 12.

922 Idem, Æneis Tabulis incifus, *Lond. Pine*, 1732. 2 *vol.* 8. *gr. pap. maroq.*

923 Idem, Horatius, *Parif. è Typographia, Reg.* 1733. 18. *maroq.*

923 * Idem, *Hamburgi*, 1733. 12.

924 Idem, *Amst.* 1743. 18.

925 Idem, *Lond.* 1744. 18.

926 Idem, ftud. Philippe, *Parif.* 1746. 12.

927 Idem, cum notis Bond. *Amst.* 1630. 16.

928 Idem, ftud. Schrevelii, *Amst.* 1658. 8.

929 Idem, *Amst.* 1669. 12.

930 Idem, ex Recenf. & cum notis Bentleii, *Amst.* 1713. 4. *mar.*

931 Oeuvres d'Horace, Lat. Franç. avec les Re-marques de Dacier, *Par.* 1709. 10 *vol.* 12.

932 Les mêmes, par le P. Tarteron, *Par.* 1713. 2 *vol.* 12.

933 Les mêmes, avec les notes de Côfte, *Amst.* 1710. 2 *vol.* 12.

934 Les mêmes, par le P. Sanadon, *Par.* 1728. 2 *vol.* 4. *gr. pap.*

935 Ovidii Opera, ex Recenf. Heinfii, *Amst.* 1663. 3 *vol.* 24. *en un.*

936 Oeuvres d'Ovide, trad. par Martignac, *Lyon,* 1697. 6 *vol.* 12.

937 Métamorphofes d'Ovide en rondeaux, *Amst.* 1697. 12. *fig.*

H

938 Les mêmes, trad. par du Ryer, *Par.* 1704. *3 vol.* 12. *fig.*

939 Les mêmes, *Amft.* 1744. 4 *vol.* 12. *fig.*

940 Les mêmes, par l'Abbé Banier, *Amft.* 1732. *3 vol.* 12. *fig.*

941 Les mêmes, avec les figures de Bern. Picart, 2 *vol. fol. en un.*

942 Les mêmes, *Par.* 1737. *3 vol.* 12.

943 L'Art d'aimer & le Reméde d'amour, trad. d'Ovide, *Amft.* 1751. 12. *fig.*

944 Epîtres d'Ovide, trad. par Richer, *Paris,* 1723. 12.

945 Juvenalis & Perfii Satyræ, *Amft.* 1735. 18.

946 Eædem, *Lond.* 1744. 18.

947 Juvenal, Lat. Franç. par le P. Tarteron, *Par.* 1698. 12.

948 Martialis Epigrammata, cum notis variorum, *Lugd. Bat.* 1661. 8.

949 Phædri Fabulæ, *Parif. è Typographia Regia,* 1729 18. *mar.*

950 Eædem, *Parif. Couftelier,* 1742. 12.

951 Eædem, cum notis Hoogftratani, *Amft.* 1711. 16.

952 Santolii Hymni Sacri, *Parif.* 1698. 12.

953 Jac. Vanierii Prædium Rufticum, *Parif.* 1746. 12 *fig.*

954 Epigrammatum Delectus, *Parif. Saureux,* 1659. 12.

955 Merlifii Coccaii Macaronici, *Tuncul.* 1521. 16.

955 * Iidem, *Venetiis,* 1573. 16.

956 Hiftoire Maccaronique de Merlin Coccaie, 1734. 3 *vol.* 12.

957 Gab. Faerni Fabulæ, Lat. Galli. *Londini*, 1747. 4 *fig.*

958 Theod. Bezæ Poemata Juvenilia, 16. *trois filets.*

959 Le Zodiaque de la vie humaine, trad. par de la Monnerie, *La Haye*, 1731. 12.

Poëtes François.

960 Rec. de Poësies choisies, *Rouen*, 1660. 5 *vol.* 12.

961 Oeuvres de Clem. Marot &c. avec les notes de l'Abbé Lenglet, *La Haye*, 1731. 4 *vol.* 4.

962 Oeuvres de Racan, *Par.* 1660. 8.

963 Les mêmes, *Par.* 1724. 2 *vol.* 12.

964 Oeuvres de Montreuil, *Par.* 1680. 12.

965 Muses Gaillardes, 12.

966 Oeuvres de Regnier, avec les Remarq. de Brossette, *Londres*, 1730. 8.

967 Les mêmes, *Londres*, 1739. 4 *gr. pap.*

968 Les mêmes, 1750. 2 *vol.* 12.

969 Fables de la Fontaine, *Par.* 1728. 12.

970 Les mêmes, *Par.* 1745. 12.

971 Les mêmes, *Par.* 1746. 2 *vol.* 12. *fig.*

972 Oeuvres de Boileau, *Par.* 1692. 12.

973 Les mêmes, *Par.* 1701. 2 *vol.* 12.

974 Les mêmes, *Par.* 1750. 2 *vol.* 12.

975 Les mêmes, avec des Remarques, *Par.* 1750. 3 *vol.* 12.

976 Les mêmes, avec des Eclaircissemens, par Brossette, *Genéve*, 1716. 4 *vol.* 12.

977 Les mêmes, *La Haye*, 1729. 2 *vol. fol. fig.* de Picart.

978 Poëfies de Deshoulieres , *Paris*, 1732. 2. ol. 8.

979 Contes & Poëfies de Vergier , 1743. 2 *vol.* 12.

980 Oeuvres de Rouffeau , *Amft.* 1726. 4 *vol.* 12.

981 Les mêmes , *Amft.* 1743. 4 *vol.* 12.

982 Les mêmes , *Amft.* 1753. 4 *vol.* 12.

983 Les mêmes , par M. l'Abbé Seguy , *Brux.* 1743. 3 *vol.* 4. *gr pap.*

984 Oeuvres div. de Rouffeau , *Soleure* , 1712. 12.

985 Oeuvres div. de Chaulieu , *Amft.* 1750. 2 *vol. 12.*

986 Oeuvres div. de M. Roy , *Par.* 1727. 8.

987 Elégies de M. le Blanc , *Par.* 1731. 12.

988 La Henriade avec les rem. par M. de Voltaire , *Lond* 1741. 4. *gr. pap. maroq dent.*

988 La Religion , Poëme par M. Racine. *Par.* 1751. 12.

990 Œuvres de Greffet. *Londres* 1751. 2 *vol.* 12. *gr. pap. 3 filets d'or.*

991 Piéces choifies fur les Conquêtes & la Convalefcence du Roi. *Par.* 1745. 8.

992 Poëfies div. de Coulanges. *Par.* 1753. 12.

993 Rec. de Poëfies Provençales. *Marfeille* 1734. 12.

994 Noei Bourguignon di Barozai , *An Bregogne* 1738, 12.

Théâtre François.

995 Pratique du Théâtre , par l'Abbé d'Aubignac, *Amft.* 1715. 2 *vol.* 8.

996 Recherches sur les Théâtres de France, par de Beauchamps. *Par*. 1735. 3 *vol*. 8.

997 Hist. du Théâtre François, par MM. Parfait 15 *vol*. 12.

998 Rec. des Pieces du Théâtre François. 12. *vol*. 12.

999 Œuvres de Racine. *Amst*. 1722. 2 *vol*. 12.

1000 Les mêmes, *Par*. 1741. 2 *vol*. 12.

1001 Les mêmes. *Par*. 1750. 3 *vol*. 12.

1002 Œuvres de P. & Thomas Corneille. *Amst*. 1740. 11 *vol*. 12.

1003 Les mêmes, *Par*. 1748. 11 *vol*. 12. mar.

1004 Œuvres de Moliere. *Amst*. 1698 4 *vol*. 12.

1005 Les mêmes, *Par*. 1718. 8 *vol*. 12.

1006 Les mêmes, *Par*. 1734. 6 *vol*. 4. gr. pap.

1007 Les mêmes, *Amst*. 1735. 4. *vol*. 12. mar.

1008 Les mêmes, *Par*. 1749. 8 *vol*. 12.

1009 Théâtre de Bourfaut. *Par*. 1746. 3 *vol*. 12.

1010 Œuvres de Crebillon. *Par*. 1717. 12.

1011 Les mêmes, *Par*. 1749. 3 *vol*. 12.

1012 Œuvres de Campiftron. *Paris*, 1750. 3 *vol*. 12.

1013 Œuvres de Regnard, *la Haye*, 1729. 2 *vol*. 16. maroq.

1014 Les mêmes, *Par*. 1742. 4 *vol*. 12.

1015 Théâtre de Quinault, *Par*. 5 *vol*. 12.

1816 Œuvres de Palaprat. *Par*. 12.

1017 Théâtre de le Grand. *Par*. 4 *vol*. 12.

1018 Théâtre de M. de la Motte, *Par*. 1730. 2 *vol*. 12.

1019 Œuvres de Autreau, *Par*. 4 *vol*. 12.

1021 Œuvres de Boilly. *Par*. 1737 & *fuiv*. 9 *vol*. 8.

1021 Semiramis, Tragédie par M. de Voltaire, *Par.* 1749. 8.

1022 Oreste & Sanson , Tragédie par M. de Voltaire , *Par.* 1750. 8.

1023 N. Théâtre Italien. *Par.* 9 *vol.* 12.

1024 Parodies du N. Théâtre Italien. *Par.* 4. *vol.* 12.

1025 Oeuvres de Dufreny. *Par.* 4 *vol.* 12.

1026 Théâtre de Brucys, *Par.* 3 *vol.* 12.

1027 Mem. pour l'Hist. des Spectacles de la Foire. *Par.* 1743. 2. *vol.* 12.

1028 Théâtre de la Foire , rec. par MM. Le Sage & Dorneval. *Par.* 1721 *& suiv.* 10 *vol.* 12.

Poëtes Italiens , &c.

1029 Oeuvres de Pétrarque Ital. & Franç. *Par.* 1707, 12.

1030 Il Petrarca di Lod. Dolce. *in Vinegia,* 1559. 8.

1031 Il medesimo 1560. 16.

1032 Il medesimo , *in Lyone Rouillio* 1554. 2. *vol.* 12.

1033 Orlando furioso di Ariost. *in Lione* 1556. 8.

1034 Il medesimo, *in Venetia ,* 1609. 24.

1035 Il medesimo. 1626. 4.

136 Il medesimo. *in Parigi* 1746. 4 *vol.* 12 *maroq. pap. d'Holl.*

1037 Roland le Furieux , trad. de l'Ariofte , par de Roffet , *Par.* 1625, 4.

1038 Roland l'Amoureux , trad. *Par.* 1742. 2 *vol.* 12.

1039 La Gierusalemme liberata del Tasso , *in Venetia* 1609 24.

1040 El medefima. *in Amft. Elzevir* 1678. 2. *vol.* 24.

1041 El medefima, *in Parigi* 1744. 2 *vol.* 12. *maroq. pap. d'Holl.*

1042 El medefima con le figure. *in Genova,* 1617 *fol.*

1043 Aminta favola di Taffo *in Leida Elze-vir* 1656. 12.

1044 Le Berger fidele, trad. de Guarini, ital. franc. *Par.* 1672. 12.

1045 Italia liberata del Antonini, *in Parigi,* 1729. 3 *vol.* 8. *imprimé fur velin maroq.*

1047 Raccolta di Rime Italiane del Antonini. *in Parigi* 1744. 2 *vol* 12.

1049 Le Théâtre Anglois, trad. par M. de la Place. *Londres,* 1746 *& fuiv.* 8 *vol* 12.

Mythologie & Romans.

1050 Mythographi latini, ex emend. Munckeri. *Amft.* 1681. 8.

1051 Mythologie ou Explicat. des Fables, par Baudoin, *Paris* 1627. *fol.*

1052 Connoiffance de la Mythologie. *Par.* 12.

1053 Dictionn. de Mythologie, par l'Abbé de Clauftre. *Paris.* 3 *vol.* 12.

1054 Dictionnaire de la Fable, par de Chom-pré. *Paris* 12

1055 Hiftoires Poëtiques. *Paris* 1537. 8. *goth.* fig.

1056 Hiftoire Poëtique, par le P. Gautruche. *Paris* 1730. 12.

1057 Conférence de la Fable avec l'Hiftoire

Sainte, par de Lavaur. *Paris 1730. 2 vol.* 12.

1058 Explicat. hist. des Fables, par l'Abbé Banier. *Paris 1742. 3 vol.* 12.

1059 Le Temple des Muses. *Amst. 1733. fol. gr. pap. fig.* de Picart, *d. s. t.*

1060 De l'usage des Romans, avec une Bibliot. des Romans, par l'Abbé Lenglet, *Amsterd. 1734. 2 vol.* 12.

1061 Le Roman de la Rose. *Paris 1538. 8. goth. d. s. t.*

1062 Amours Pastorales de Daphnis & de Chloé. *1745. 12. fig.*

1063 Amours de Théagene & de Chariclée. 2 *vol.* 12.

1064 Joan Barclaii Argenis, *Lugd. Batav. Elzevir. 1630. 18.*

1065 Le Triomphe de l'Amitié, par Mlle de *** *Lond. 1752. 2 vol.* 12.

1066 Les Belles Grecques. *Paris 1712.* 12.

1067 Hist. de Don Quichotte, trad. de Benengely. *paris 1722. 6 vol.* 12.

1068 Le Désespoir amoureux, ou les Nouvelles Visions de Dom Quichotte. *Amst. 1715.* 12.

1069 Vida y Hechos, del Don Quixote de la Mancha. *En Lond. 1738. 4 vol. 4. d. s. t.*

1070 El medesima. *En Haya 1744. 4 vol.* 12. *maroq.*

1071 Les principales Aventures de Don Quichotte. *La Haye, 1746. 4. fig. maroq.*

1072 Hist. du Chev. Tiran le Blanc. *Amst. 2 vol.* 12.

1073 Hist. Secrette des Femmes Gal. de l'Antiquité. *Amst. 1745. 6 vol.* 12.

1074 Annales Gal. de Grece, par M^e. de Ville-Dieu.

Dieu. *Paris 1687.* 2 *vol. 12. maroq.*

1075 Les Impératrices Romaines, par M. de Serviez. *Paris 1744. 3 vol. 12.*

1076 Faramond, par M. de Surgeres. *Paris 1753. 4 vol. 12.*

* 1076 Le même. *4 vol. 12. pap. d'Holl.*

1077 Cassandre. *Par. 1731. 10 vol. 12.*

1078 La même, par M. de Surgeres. *Par. 1752. 3 vol. 12.*

1079 Almahide, par de Scudery. *Par. 1660. 8. vol. 8.*

1080 Mathilde. *Par. 1667. 8.*

1081 La Jeune Alcidiane, par Mᶜ de Gomez. *Par. 1733. 3 vol. 12.*

1082. Hist. Plais. & Chroniq. du petit Jehan de Saintré. *Par. 1724. 3 vol. 12.*

1083 Vie de Guzman d'Alfarache. *Par. 1733. 3 vol. 12.*

1084 Aventures de Gilblas, par le Sage. *Amst. 1729. 4 vol. 12. d. f. t.*

1085 Mital ou Avantures incroyables. *Paris 1708. 12.*

1086 Vie & Aventures de Lazarille de Tormes. *Bruxelles 1699.*

1087 Ne pas croire ce que l'on voit, par Bourfaut. *Par. 1739. 12.*

1088 La Princesse de Cleves. *Par. 12.*

1089 Critiques & Conversations sur la Critique de la Princesse de Cleves. *Par. 1678 & 1679. 2 vol. 12.*

1090 Galanteries Grenadines, par Mᶜ de Villedieu. *Par. 1673. 2 vol. 12. maroq.*

1091 Hist. des Favorites. *Amst. 1700. 2 vol. 12.*

I

1092 Le Maréchal de Boucicaut, par Bourfaut. *Par.* 1714. 12.

1093 Hift. de la Reine de Navarre. *Par.* 1720. 4 *vol.* 12.

1094 Hift. Secrete de la Reine Zarah. rrad. de l'Ang. *Oxford.* 1711. 12.

1095 Hift. de la Ducheffe de Malborough. trad. de l'Angl. *Oxford.* 1711. 12.

1096 Hift. Secrette de Conquête de Grenade, par Me de Gomez. *Par.* 1719. 12.

1097 Retraite de la Marquife de Gozanne. *Par.* 1734, 2 *vol.* 12.

1098 Hift. de Cleveland, par M. l'Abbé Pre-voft. *Utrecht* 1736. 8 *vol.* 12.

1099 Roman Bourgeois par de Furetiere. 12.

1100 Mémoires du Chevalier de Melvil. *Amft.* 1704. 12.

1101 Aventures du Chev. de Beauchêne. *Par.* 1732. 2 *vol.* 12.

1102 Mém. fur la vie de Ninon de Lenclos. *Amft.* 1751. 12.

1103 Mém. du Comte de Comminville. *Par.* 1735, 12.

1104 Memoires du Marquis Dargens. *Londres,* 1735. 12.

1105 Mém. du Chevalier de Ravannes. *Amft.* 3 *vol.* 12.

1106 Mém. de M. de Berval. *Amft.* 1752. 12.

1107 Tanzaï & Neadarné par M. de Crebillon. *Pekin,* 1740. 2 *vol.* 12. *en un. maroq. fig.*

1108 Le Sopha, Conte Moral. *Pekin* 1749. 2 *vol.* 12.

1109 Mémoires du faux Lord Kington. *la Haye* 1741. 12.

1110 Amufemens des Eaux de Spa. *Amft.* 1752. 4 *vol.* 12.

1111 Aventures de Télémaque, par M. de Fenelon. *Paris* 1740. 2 *vol.* 12.

1112 Aventures d'Ulyffe dans l'Ifle d'Æea, par M. Mamin. *Par.* 1752. 2 *vol.* 12. *en un.*

1113 Il Decameron di Boccacio di Rolli. *In Londra* 1725. *fol. d. f. t.*

1114 Il medefimo. 1726, 2 *vol.* 12.

1115 Contes de la Reine de Navarre. *Amft.* 1708. 2 *vol.* 12. *fig.*

1116 Les Cent Nouvelles Nouvelles. *La Haye* 1733. 2 *vol.* 12.

1117 Les Mille & un jour, par Petis de la Croix. *Par.* 1729 5 *vol.* 12.

1118 Mille & un Quart d'Heure. 3 *vol.* 12.

1119 Les Contes Turcs. *Par.* 1707. 12.

1120 Les Contes Mogols par M. Gueulette. *La Haye* 1749. 3 *vol.* 12.

Philologues & Ana.

1121 Apologie pour Hérodote, par H. Etienne, avec les Rem. de le Duchat. *La Haye* 1735. 3 *vol.* 12. *maroq.*

1122 Bened. Curtii Arefta Amorum. *Parif.* 1744. 8.

1123 Hift. fecrette de Neron, ou le Feftin de Trimalcion, trad. par Lavaur. *Par.* 1726. 12.

1124 Contes & Difcours d'Eutrapel. 1732. 2 *vol.* 12.

1125 Œuvres de Rabelais. 2 *vol.* 12.

1126 Les mêmes avec les Remarques de le Duchat, 1732. 6 *vol.* 8. *gr. pap.*

1127 Œuvres choisies de Rabelais. *Geneve* 1752. 4 *vol.* 12.

1128 Le Facétieux Reveil matin des Esprits mélancholiques. *Utrecht* 1654. 16. *maroq.*

1129 L'Eloge de la Folie trad. d'Erasme, par Gueudeville. *Amst.* 1728. 12. *fig.*

1130 Eloge de la Folie trad. par Gueudeville, avec les notes de M. de Kerlon. 1751. 4. *filets d'or.*

1131 Le même avec figures en camayeu. 4. *mar.*

1132 Voyages & Aventures de Jacques Massé. *Bourdeaux* 1710, 12.

1133 Reflex. sur les Grands Hommes Morts en plaifantant. *Amst.* 1732, 12.

1134 Mém. pour fervir à l'Histoire de la Calotte, *Basle* 1725, 12.

1135 L'Art de défopiller la Rate. *Gallipoli*, 1745, 12.

1136 Les Moines empruntez par P. Joseph. 1718, 12.

1137 Recuil A. *Fontenoy* 1745. 12.

1138 Rec. de Pieces, dont le Vice puni, ou Cartouche, Poëme avec figures, *Par.* 1725. 8.

1139 L'Art d'orner l'Esprit en l'amufant, par de Pitaval. *Par.* 1728. 2 *vol.* 12.

1140 Cymbalum Mundi, par Bonav. des Perriers. *Amst.* 1711. 12.

1141 { Menus Propos de Merefotte, par P. Gringoire, *Par. Le Noir*, *Gothique*. Le Caquet de l'Accouchée, 1622, 8. *filets d'or.*

1142 Plutarchi Apophtegmata, gr. lat. *Londini.* 1741, 4 *broché.*

1143 Menagiana, ou les bons mots de M.

Ménage , *Paris* , 1729 , 4 *vol. in-*12.

Polygraphes , Dialogues & Epiſtolaires.

1144 Opere di Machiavelli. 1725. 4 *vol.* 12.

1145 Il medeſimo , *in Londra* , 2 *vol.* 4. *gr. pap.*

1146 J. Harduini Opera ſelecta. *Amſt.* 1709. *fol.*

1147 Oeuvres de la Mothe le Vayer. *Paris* , 1684. 15 *vol.* 12.

1148. Oeuvres div. de Maucroix & de la Fontaine. *Par.* 1685 , 4 *vol.* 12.

1149 Ouvres de Bayle , *La Haye* 1727 & *ſuiv.* 4 *vol. föl.*

1150 Réponſes aux Queſtions d'un Provincial, par Bayle, *Rotterd.* 1704 & *ſuiv.* 7 *vol.* 12.

1151 Penſées div. ſur la Comete , par Bayle. *Amſt.* 4 *vol.* 12.

1152 Rec. de div. Ouvrages , par le P. Daniel. *Par.* 1724. 3 *vol.* 4.

1153 Oeuvres diverſes de M. Fléchier, conten. ſes Poëſies , &c. *Par.* 1712. 3 *vol.* 12.

1154 Eſſais de Montaigne avec les notes de Coſte , *Par.* 1725. 3 *vol.* 4.

1155 Oeuvres diverſes de la Chapelle , *Paris* 1700. 2 *vol.* 12.

1156 Oeuvres diverſes de la Fontaine. *Anvers* 1726. 3 *vol.* 4.

1157 Les mêmes , *Paris* , 1744. 4 *vol.* 12.

1158 Rec. de Pièces choiſies par M. de la Monnoie. *la Haye* 1714, 2 *vol.* 12.

1159 Recueil de Piéces galantes de Mᶜ de la Suze & de M. Peliſſon. *Trevoux* , 1748. 5 *vol.* 12.

1160 Voyage de Bachaumont & Chapelle. 12.
1161 Oeuvres de Cirano de Bergerac. *Amsterd.*
   1710, 2 vol. 12. _
1162 Oeuv. div. de Pelisson. *Paris , 1735 , 3.*
   vol. 12.
1163 Oeuvres de S. Evremond. *Londres 1705 ,*
   2 vol. 4. gr. pap.
1164 Les memes, *1753. 12 vol. 12.*
1165 Oeuvres de le Noble. *Paris , 1718. 19.*
   vol. 12.
1166 Oeuvres de S. Real. *Paris , 3 vol. 4.*
1167 Oeuvres de Fontenelle. *Paris ,1742 , 6.*
   vol. 12.
1168 Oeuvres de Madame de Lambert. *Par.*
   1748. *2 vol. 12.*
1169 Oeuvres de le Franc. *Par, 1746. 8.*
1170 Oeuvres de M. de Remond de S. Mard.
   la Haye , 1742. 3 vol. 12.
1171 Oeuvres div. de M. de Montcrif. *Paris ,*
1172 Oeuvres de Me de Ville-Dieu. *Paris ,12.*
   vol. 12.
1173 Oeuvres div. de la Rocheguilhen. *Amst.*
   1708. 2 vol. 12.
1174 Entretiens de Petrarque. *Paris , 1678. 2*
   vol. 12.
1175 Dialoghi di Lod. Domenichi. *In Venegia*
   1562 8.
1176 Erasmi Colloquia. *Amst. Vesteins 18.*
1177 Colloques d'Erasme , trad. par Gueude-
   ville. *Leide 1720. 6 vol. 12. fig.*
1178 Dialogues d'Oratius Tubero, par la Mothe
   Levayer, *Francfort , 1716. 2 vol. 12.*
1179 Hexameron Rustique, par la Mothe Le-
   vayer, *Amst. 1715. 12.*

1180 Franc. Philelphi Epistolæ; accedunt Franc. Nigri Epistolæ, 8. *goth.*

1181 Plinii Epistolæ & Panegyricus ; *Parif.* 12.

1182 Joan. Launoii Epistolæ , *Cantabrigiæ,* 1689. *fol.*

1183 Lettres de Cicéron à fes Amis, Lat. Franç. par du Bois, *Par.* 1704. 4 *vol.* 12.

1184 Lettres crit. fur div. Ecrits , contraires à la Religion & aux Mœurs, *Londres* , 1751. 2 *vol.* 12.

1185 Lettres Hiftoriques de Peliffon ; *Paris,* 1729. 3 *vol.* 12.

1186 Lettres de Buffy , *Paris* , 1706. & *fuiv.* 7 *vol. 12.*

1187 Lettres de Bayle , par des Maizeaux , *Amft.* 1729. 3 *vol.* 12.

1188 Lettres de M. Arnauld , *Nancy* , 1727. & *fuiv.* 9 *vol.* 12.

1189 Lettres de Vaumoriere , *Paris* , 1714. 2 *vol.* 12.

1190 N. Lettres de Patin , *Amft.* 1718. 2 *vol.* 12.

1191 Lettres Gal. de Mad. du Noyer, *Londres,* 1741. 6 *vol.* 12.

1192 Lettres de Mad. de Sévigné, 1726. 2 *vol.* 12.

1193 Lettres de Ninon de Lenclos, *Amft.* 1750. 12.

1194 Les mêmes, 1752. 2 *vol.* 12.

1195 Les mêmes, *pap. d'Holl. mar.*

1196 Lettres d'Ofman, 3 *vol.* 12. *en un.*

1197 Lettre fur les Sourds & Muets, par M. Diderot, avec la fuite, 1751. 2 *vol.* 12. *en un.*

HISTOIRE.

INTRODUCTION A L'HISTOIRE.

Géographie.

1198 ELémens de l'Histoire, par de Valle-mont, *Par.* 1729. 4 *vol.* 12.

1199 Méthode pour étudier l'Histoire, par l'Abbé Lenglet, *Par.* 1735. 9 *vol.* 12.

1200 Principes de l'Histoire pour l'Education de la Jeunesse, par l'Abbé Lenglet du Fresnoy, *Par.* 1736. 6 *vol.* 12.

1201 Introduction à l'Histoire de l'Univers, par Puffindorf, *Amst.* 1738. 9 *vol.* 12.

1202 La même, *Amst.* 1743. 11 *vol.* 12.

1203 Méthode pour la Géographie, par le François, *Par.* 1751. 12,

1204 Géographie Univ. par Noblot, *Par.* 1725. 6 *vol.* 12.

1205 Géographie par Martineau Dupleffis, *Amst.* 1700. 3 *vol.* 12.

1206 Dictionn. Géographique portatif, trad. par Vofgien, *Par.* 1749. 12.

1207 Defcript. de l'Univers, par Manesson Mallet, *Par.* 1683. 5 *vol.* 8.

1208 Géographie Moderne, par Dubois, *Leide,* 1729. 2 *vol.* 4.

1209 L'Atlas de Sanfon. 2 *vol. fol. magno.*

1210 L'Atlas Historique de Gueudeville, *Amst.* 1719. & *fuiv.* 7 *vol. fol.*

Voyages.

1211 Voyage autour du Monde, trad. de Gemelli Careri, *Par.* 1727. 6 *vol.* 12. *fig.*

1212 Voyage autour du Monde, par le Gentil, *Amst.* 1729. 3 *vol.* 12.

1213 Voyages de Thevenot, *Par.* 1696. 2 *vol. fol.*

1214 Voyages de la Mottraye, *La Haye,* 1727, & *suiv.* 3 *vol. fol*

1215 Voyages autour de la France, par de Rouviere, *Par.* 1713. 12.

1216 Voyages d'Italie, trad. de Misson, *La Haye,* 1717. 4 *vol.* 12.

1217 Voyage de Dalmatie, de Grece & du Levant, trad. de Wheler, *La Haye;* 1723. 2 *vol.* 12.

1218 Voyage de Dellon, avec la Relat. de l'Inquisition, *Col.* 1709. 3 *vol.* 12.

1219 Voyages du Chev. Chardin en Perse, &c. *Par.* 1723, 10 *vol.* 12.

1220 Voyage en Moscovie, *Leide,* 1688. 12.

1221 { Voyage de Corneille le Brun au Levant, *Delft,* 1714. *fol. gr. pap.*
{ Le même en Moscovie, Perse, &c. *Amst.* 1718. 2 *vol. fol. en un.*

1222 Les mêmes, *Par.* 1725. 5 *vol.* 4 *gr. pap.*

1223 Voyage au Levant, par Paul Lucas, *Par.* 1714. 2 *vol.* 12. *en un.*

1224 Voyage du même en Turquie, Palestine &c. *Rouen,* 1719. 3 *vol.* 12.

1225 Relat. du Voyage au Levant, par Tournefort, *Par.* 1717. 2 *vol.* 4 *fig.*

K

1226 La même, *Lyon*, 1727. 3 *vol.* 8. *fig.*

1227 Voyage de la Terre Sainte, par Doubdan, *Par.* 1666. 4.

1228 Voyage pour la Rédemption des Captifs, en 1723, 1724 & 1725, à Maroc & Alger, *Par.* 1726. 12.

1229 Voyage d'un Miffionnaire, de la Compagnie de Jefus en Turquie, Perfe, &c. *Paris,* 1730. 12.

1230 Voyage en Turquie & en Perfe, par Otter, *Par.* 1748. 2 *vol.* 12.

1231 Voyage de Bernier au Mogol, *Amft.* 1699. 2 *vol.* 12.

1232 Voyages de l'Amérique, par Hennepin & de la Borde, *Amft.* 1711. 12.

1233 Voyage aux Ifles de l'Amérique, par le P. Labat, *Par.* 1742. 8 *vol.* 12. *fig.*

1234 Voyages du Chev. des Marchais, en Guinée &c. redigés par le P. Labat, *Par.* 1730. 4 *vol.* 12.

1235 Les mêmes, *Amft.* 1731. 4 *vol.* 12.

1236 Rec. des Voyages de la Compagnie des Indes, avec le Voyage de Gauthier Schouten, *Amft.* 1725. 7 *vol.* 12.

1237 Voyage de Coreal aux Indes Orientales, *Amft.* 1722. 2 *vol.* 12.

1238 Voyages & Aventures de Franç. Leguat, *Londres,* 1721. 2 *vol.* 12 *en un.*

1239 Voyage de la Baye de Hudfon en 1746 & 1747. trad. de l'Angl. *Par.* 1749. 2 *vol.* 12.

1240 Voyages de Siam, par le P. Tachard, *Par.* 1686 & 1689. 2 *vol.* 4.

CHRONOLOGIE.

Hiſtoire Univerſelle.

1241 L'Antiquité des Tems, par le P. Pezeron, *Par.* 1687. *4.*

1242 Phil. Labbæi Chronol. Hiſtorica & Technica, *Pariſ. è Typogr. Reg.* 1670. *5 vol. fol.*

1243 Joann. Marshami Chronicus Canon. *Lond.* 1660. *fol.*

1244 Tablettes Chronol. de l'Abbé Lenglet, *Par.* 1744. *2 vol. 12.*

1245 Petavius de Doctrina Temporum, *Amſt.* 1705. *3 vol. fol.*

1246 Théatre Hiſt. par Gueudeville, *Leide,* *5 vol. fol. en trois.*

1247 Juſtinus ex recenſ. Grævii, *Amſt.* 1722. *in 18.*

1248 Idem, cum notis, in uſum Delphini, *Lond.* 1721. *8.*

1249 Juſtin. trad. par l'Abbé Favier, *Paris,* 1737. *2 vol. 12.*

1250 Diſcours ſur l'Hiſt. Univerſelle, par Boſſuet, *Par.* 1732. *4.*

1251 La même, *2 vol. 12.*

1252 Hiſt. Univerſelle, par D. Calmet, *Straſbourg,* 1735. *& ſuiv. 8 vol. 4.*

1253 Mem. pour ſervir à l'Hiſt. de l'Europe, depuis 1740. juſqu'à 1748, *Amſt.* 1749. *4 vol. 12.*

Histoire Ecclésiastique.

1254 Emanuelis Schelstratis Antiquitas Ecclesiæ, *Roma*, 1692. 2 *vol. fol.*

1255 Eusebii, Socratis, Sozomeni, Theodoreti & Evagrii Hist. Ecclesiast. cum notis Valesii, *Paris.* 1659. *& seqq. 3 vol. fol.*

1256 Nat. Alexandri Hist. Ecclesiastica, *Paris.* 1714. 8 *vol. fol. en* 7.

1257 Critica Pagi in Annales Baronii, *Amst.* 1727. *vol. fol.*

1258 Hist. de l'Eglise, par l'Abbé de Choisy, *Par. 11 vol. 4.*

1259 Hist. de l'Eglise, par Basnage, *Rotterd.* 1699. 2 *vol. fol.*

1260 Hist. de l'Eglise en abregé, par Dupin, *Par.* 1732. 4 *vol.* 12.

1261 Hist. Ecclésiastique, par Fleury, *Paris*, 1722. *& suiv. 36 vol. 4.*

1262 La même, *Par.* 1750. *36 vol. 4.*

1263 Discours sur l'Histoire Ecclésiastique, par Fleury, *Par.* 1750. 2 *vol.* 12.

1264 Justificat. des Discours & de l'Hist. Ecclésiastique de Fleury, *Nancy*, 1736. 2 *vol.* 12. *en un.*

1265 Mem. pour l'Hist. Ecclésiastique, par M. le Nain de Tillemont, *Par.* 1701. *& suiv. 16 vol. 4.*

1266 Anecdotes Ecclésiastiques, tirées de l'Hist. de Naples, de Giannone, *Amst.* 1738. 12. *d. s. tr.*

1267 Hist. du Concile de Trente, trad. de Frapaolo, avec les Notes d'Amelot de la Houssaye *Amst.* 1686. 4.

1268 La même, avec les Notes de le Courayer, *Londres*, 1736. 2 *vol. fol.*

1269 La même, *Amst.* 1750. 3 *vol.* 4.

1270 Hist. du Concile de Constance, par Lenfant, *Amst.* 1714. 2 *vol.* 4.

1471 La même, *Amst.* 1727 2 *vol.* 4.

1272 Hist. du Concile de Pise, par Lenfant, *Amst.* 2 *vol.* 4.

1273 La même, *Utrecht*, 2 *vol.* 4.

1274 Hist. du Concile de Basle, par Lenfant, *Amst.* 1731. 2 *vol.* 4.

1275 La même, *Utrecht*, 2 *vol.* 4.

1276 Alphonsus Ciaconius de vitis Pontificum, *Roma*, 1677. 4 *vol. fol.*

1277 Politique & Intrigues de la Cour de Rome, par le Card. Pallavicin, *Colog.* 1696. 12. *d. s. tr.*

1278 Maximes Polit. du Pape Paul III. touchant ses démêlés avec Charles V, &c. *La Haye*, 1716. 12.

1279 Vie du Pape Sixte V, trad. de Leti, *Lyon*, 1701. 2 *vol.* 12.

1280 Vie du Pape Alexandre VI. & de son fils Cesar Borgia, trad. de Gordon, *Amst.* 1732 2 *vol.* 12. *d. s. tr.*

1981 Le Conclave d'Alexandre VII. *Colog.* 1667. 12.

1282 De l'Origine des Cardinaux, *Col.* 1665. 12.

1283 Vie du Cardinal Commendon, par Fléchier, *Par.* 1680. 12.

1284 Hist. du Card. Ximenès, par Flechier, *Par.* 1693. 4.

1285 Gallonius de Cruciatibus SS. Martyrum, *Par.* 1659. 4.

1286 Vies des Saints, par Baillet, *Paris* 1704 & *suiv.* 17 *vol.* 8.

1287 Les mêmes , *Paris*, 1739. 10 *vol.* 4.

1288 Vies des Saints par Giry , *Par.* 1715 , 2 *vol. fol.*

1289 Les mêmes , par Blondel , *Par.* 1722. *fol.*

1290 Les mêmes en Abregé. *Par.* 12.

1291 Vies des Saints, avec des Réflexions. *Par.* 1714 , 4 *vol.* 8.

1292 Vies des Peres des Déferts , trad. par Arnaud , *Par.* 1701. 3 *vol.* 8.

1293 Vie de Saint Athanafe , par Hermant , *Par.* 1671 , 2 *vol.* 4.

1294 Vie de S. Jean Chryfoftome. *Par.* 1664. 8.

1295 Vie de S. Thomas de Cantorbery. *paris* 1674 , 4.

1296 Vie de S. François Xavier, par le P. Bouhours, *Paris*, 1692. 2 *vol.* 12.

1297 Vie de S. Ignace, par le P. Bouhours, *Paris* 1680. 12.

1298 Hift. des Ordres Monaftiques , Religieux & Militaires par le P. Helyot, *Paris*, 1721. 8 *vol.* 4.

1299 Joannis Mabillonii Præfationes Actus Sanctorum. *Rothomagi*, 1732 , 4.

1300 Liber Conformitatum Beati Francifci, à Barthol. de Pifis, ftud. Jeremiæ Bucchii. *Bononiæ*, 1590. *fol. v.f.* 3 *filets d'or.*

1301 Hift. des Hommes Illuftres de l'Ordre de S. Dominique, par le P. Touron. *Paris* 1743. 6 *vol.* 4.

1302 Rec. de Pieces fur l'Hiftoire de la Compagnie de Jefus, par le P. Jouvency , *Liege*, 1716. 12.

1303 La Monarchie des Solypfes, trad. de Mel-
chior Inchofer. *Amft.* 1721, 12. *maroq.*

1304 Les Hiftoires du P. Maimbourg. *Paris*
1686 *& fuiv.* 12 *vol.* 4.

1305 Lettres de Bayle au fujet de la Critique du
Calvinifme, *Amft.* 4 *vol.* 12.

1306 Hift. des Albigeois & Vaudois, par Be-
noift, *Paris* 1691, 2 *vol.* 12..

1307 Hift. du Neftorianifme, par le P. Doucin,
Paris 1698, 4.

1308 Hift. des Anabaptiftes, par le P. Catrou
Paris 1706. 4.

1309 Anecdotes de l'état de la Religion dans la
Chine, 1733 *& fuiv.* 8 *vol.* 12.

1310 Hift. de la Robe fans couture de Notre-
Seigneur. *Par.* 1731, 12.

1311 Hift. de la Sacrée Manne & de la Sainte
Chandelle d'Arras, par Guillaume Gazet,
Arras, 1688. 12. *broché.*

1312 Ceremonies des Nations, avec les figures
de Bernard Picart, *Amft.* 1723, *& fuiv.* 7
vol. fol.

1313 Les mêmes, *Par.* 1741 7 *vol. fol.*

1314 Vie, Mœurs & Religion de Bramines,
trad. de Roger, par la Grue, *Amft.* 1670. 4.

1315 Statuts de l'Ord. du S. Efprit. *Par.* 1703.
4. *maroq.*

1316 Les mêmes, 1740 4. *maroq.*

1317 Statuts & Cat. des Chevaliers de l'Ordre
du S. Efprit, *Paris* 1733 *fol.*

HISTOIRE PROFANE.

Ancienne, Grecque, Romaine & Byzantine.

1318 Histoire Profane, par Dupin. *Paris 1714,* 6 *vol.* 12.

1319 Hist. de l'Anc. & du Nouveau Testament, par D. Calmet, *Paris* 1737, 4. *vol.* 4.

1320 Hist. du Peuple de Dieu, par le P. Berruyer, *Paris* 1734. 8 *vol.* 4.

1321 La même, *Par.* 1751, 10 *vol.* 12.

1322 Cerémonies & Coutumes, qui s'observent parmi les Juifs, trad. par Richard Simon. *Paris* 1681. 12.

1323 Hist. Ancienne des Egyptiens, &c. par Rollin, *Par.* 1740. 6 *vol.* 4.

1324 Mœurs & Usages des Grecs, par Ménard, *Lyon* 1733. 12.

1325 Hist. de Diodore de Sicile, trad. par Amyot, *Paris* 1554 & 1585, 2 *vol. fol.*

1326 Polybii Historiæ Gr. Lat. cum notis variorum *Amst.* 1670. 3 *vol.* 8.

1327 Hist. de Polybe, avec les Comment. du Cheval. Folard, *Par.* 1727 6 *vol.* 4. *gr. pap.*

1328 Hist. d'Hérodote, trad. par du Ryer, *Par.* 1658, *fol.*

1329 Les mêmes, *Paris,* 1713. 3 *vol.* 12.

1330 Dictys Cretensis, cum Interpretat. Daceriæ, in usum Delphini. *Amst.* 1702. 4.

1331 Hist. de Philippe de Macedoine, *Par.* 1740, 12.

1332 La même par Olivier, *Par.* 1740, 2 *vol.* 12.

1333 La Cyropædie ou l'Histoire de Cyrus, trad. de

de Xenophon par Charpentier , *Par.* 1659.
fol. gr. pap.

1334 La même , *Amsterdam* 1732 , 2 *vol.* 12.
en un.

1335 Hist. de Cyrus ; & de la retraite des dix
mille, par l'Abbé Pagi, *Par.* 1736, 12.

1336 Hist. d'Epaminondas , par l'Abbé Seran
de la Tour , *Par.* 1729, 12.

1337 Velleius Paterculus cum notis variorum.
Lugd. Bat. 1653 , 8.

1338 Velleius Paterculus, *Amst. Elzevir* 1664.
16. *d. f. t.*

1339 Cornelius Nepos, *Amst.* 1745 , 18.

1340 Idem , stud. Philippe , *Paris.* 1745 , 12.

1341 Idem cum notis variorum. *Lugd. Batav.*
1657. 8.

1342 Salustius, stud. Philippe. *Paris.* 1744. 12.

1443 Idem cum notis variorum. *Lugd. Batav.*
1665 , 8.

1344 Idem , stud. Havercampi. *Amst.* 1742 , 2
vol. 4.

1345 Q. Curtius , *Amst.* 1670. 18.

1346 Idem , cum notis variorum. *Amst.* 1664. 8.

1347 Idem in usum Delphini , *Paris.* 1678. 4.

1348 Idem cum Comment. Cellarii. *Hagæ Co-*
mitum , 1727. 2 *vol.* 12.

1349 Quinte Curce , trad. par Vaugelas & du
Ryer , *Paris* , 1664 12.

1350 C. Jul. Cæsar. *Lugd. Batav. Elzev.* 1635.
16 *maroq.*

1351 Idem ex emend. Scaligeri , *Amst.* 1661. 2
vol. 16.

1352 Les Comment. de Cesar , trad. par d'A-
blancourt , *Par.* 1658. 4.

L

1353 C. Tacitus, ex emend. Justi Lipsii. *Lugd. Batav. Elzev.* 1634. 16.

1354 Idem, cum notis variorum. *Amst. Elzevir,* 1673. 2 *vol.* 8.

1355 Tacite trad. par d'Ablancourt. *Par.* 1688. 3 *vol.* 12.

1356 Le même trad. avec les notes polit. par Amelot de la Houssaie, *Amst.* 1716. 6 *vol.* 12.

1357 Discours politiques sur Tacite, trad. de Gordon, *Amst.* 3 *vol.* 12.

1358 Titus Livius, *Lugd. Batav. Elzevir* 1645. 3 *vol.* 16. *maroq.*

1359 Idem in usum Delphini, *Paris.* 1679, 6 *vol.* 4.

1360 Idem ex recens. Clerici, *Amst.* 1710, 10 *vol.* 12.

1361 Idem cum notis Crevier, *Paris.* 1735, & *seqq.* 6 *vol.* 4.

1362 Hist. de Tite Live, trad. par M. Guerin, *Par.* 1738, 3 *vol.* 12.

1363 Le même, par Crevier. *Par.* 1740, 10 *vol.* 12.

1364 Florus cum notis variorum. *Amst.* 1660. 8.

1365 Idem cum notis Pontani, *Amst.* 1736. 18.

1366 Suetonius cum Comment. Petri Almeidæ, *Haga Comitum* 1727. 4.

1367 Hist. Romaine, par les P P. Catrou & Rouillé, *paris* 1725 & *suiv.* 20 *vol.* 4.

1368 Hist. des Empereurs, par le Nain de Tillemont, *paris* 1720 & *suiv.* 6 *vol.* 4.

1369 Vie de Julien, par M. de la Bletterie, *Par.* 1735, 2 *vol.* 12. *en un.*

1 3 7 0 Hist. des deux Triumvirats, par Citri de la Guette, *Trevoux* 1741, 4 *vol.* 12.

4371 {
Corpus Hiftoriæ Byzantinæ , *Parif. è Typographiá Regiá* , *& feqq.* 28 *vol. fol. gr. pap. d. f. t.*

Pachymeri Hiftoriæ , *Roma* , 2 *vol. fol.* brochés.

Banduri Numifmata & Imper. Orientale , 4 *vol. fol.*

Hiftoire de Conftantinople , par de Villehardouin , *fol.*
}

Hiftoire d'Italie.

1372 Antiquités Rom. ou Mem. & Avent. du Comte de B * *. *la Haye* 4. *fig.*

1373 Hift. d'Italia di Guicciardini da Tomafo Porcacchi , *In Trevigi* 1684. 4.

1374 Hift. des Guerres d'Italie , trad. de Guicchardin. *Londres*, 1738 , 3 *vol.* 4.

1375 Hift. di Milano di Corio. *in Padoa* 1646. 4.

1376 Hiftoire du Royaume de Naples , trad. de Giannone , *La Haye* 1742 , 4 *vol.* 4.

1377 La Ville & Republique de Venife de S. Didier , *Par.* 1680 , 12.

1378 Exam. de la Liberté Origin. de Venife , 1678 , 12.

1379 Hift. de la Republique de Genes , *Paris* , 1742 , 3 *vol.* 12.

Hiftoire générale de France.

1380 Guide des chemins de France , par Daudet , *Par.* 1724. 12.

1381 Dict. Univ. de la France , *Par.* 1726 , 3 *vol. fol.*

L ij

1382 Biblioth. des Auteurs de la France, par le P. le Long, *Par. fol.*

1383 La Religion des Anciens Gaulois, par D. Martin. *Par.* 1727, 2 *vol.* 4.

1384 Antiquité de la Gaule Belgique, par de Waſſebourg, 1549, *fol.*

1385 Hiſt. Crit. de l'établiſſement de la Monarchie Franc. dans les Gaules, par l'Abbé Dubos, *Par.* 1734, 3 *vol.* 4. *gr. pap.*

1386 La même, *Paris* 1742, 2 *vol.* 4.

1387 La même, 4 *vol.* 12.

*1387 Œuvres de Fauchet, *Paris* 1610 ; 4.

1388 Oeuvres d'Etienne Paſquier , conten. ſes Recherches de la France, *Amſterd.* 1723, *vol. fol.*

1389 Les mêmes *gr. pap.*

1390 Annales de la Monarchie Franç. par de Limiers. *Amſt.* 1724, 2 *vol. fol. gr. pap.*

1391 Etat de la France , par le Comte de Boulainvilliers, *Londres*, 1727, 3 12. *fol.*

1392 Les mêmes *Londres*, 1752, 8 *vol.* 12.

1393 Hiſt. de l'Ancien Gouvernement de France, par le même , avec les Mémoires préſentés , *La Haye* 1727, 5 *vol.* 12. *en trois.*

1394 Mém. hiſt. & crit. de Mezeray. *Amſt.* 2 *vol.* 12.

1395 Hiſt. de France , avant Clovis, par de Mezeray, *Amſt.* 1692. 12.

1396 La même, *Am.* 1696 12.

1397. Hiſt. de France, par Mezeray, *Par.* 1685 , 3 *vol. fol.*

1398 Abregé de l'Hiſtoire de France, par le P. Daniel, *Paris* 1724, 9 *vol.* 12.

1399 La même, *Paris*, 12 *vol.* 12.

1400 Abregé Chronol. de l'Hiftoire de France, par le Préfident Henault, *Paris* 1744. 12.

1401 Le même, *Paris* 1752 8.

1402 Le même, 4.

1403 Le même, 4. *gr. pap.*

1404 Hiftoire de France, par demandes & réponfes, par Ragois, *Paris* 1735, 12.

1405 Hift. des Rois de France, par l'Abbé de Choify, 4 *vol.* 12.

1401 Abregé de l'Hiftoire de France, fous Louis XIII. & Louis XIV. par de Limiers, *Amft.* 1727, 3 *vol.* 12.

Hiftoire particuliére de France.

1407 Hift. de Suger, Abbé de Saint Denis, par D. Gervaife, *Par.* 1721 3 *vol.* 12.

1408 Vie de S. Louis, par l'Abbé de Choify. *Par.* 1689, 4.

1409 Mémoires de Jonville avec la Généal. de la Maifon de Bourbon. *Par.* 1666. 12.

1410 Hift. des démêlez du Pape Boniface & de Philippe le Bel, *Par. Imprimerie Royale.* 1655 *fol. gr. pap.*

1411 La même, par Baillet, *Paris*, 1718. 12.

1412 Hift. de Philippe de Valois, & du Roi Jean, par l'Abbé de Choify, *Par.* 1688, 4. *maroq.*

1413 Vie de Du Guefclin, par le Fevre, *Douay*, 1692, 4.

1414 Chroniques d'Enguerran de Monftrelet. *Par. Chaudiere*, 1572, *fol.*

1415 Les mêmes, *Par.* 1614. *fol.*

1416 Hift. de Charles VI. par l'Abbé de Choify, *Par.* 1695. 4.

1417 Oeuvres d'Alain Chartier, *Par.* 1617. 4.

1418 Mém. de Comines, par Godefroy, *Brux.* 1706, 4 *vol.* 8.

1419 Les mêmes revus par l'Abbé Lenglet, *Londres* 1747, 4 *vol.* 4.

1420 Chroniques de Louis, XI. *Par.* 1558. 8.

1421 Hist. de Louis XI, par Duclos, *Par.* 3 *vol.* 12.

1422 Hist. du Chevalier Bayard par de Lonval. *Par.* 1702. 12.

1423 Anecdotes de la Cour de François I. par Mlle de Luffan. *Londres*, 1748. 3 *vol.* 12.

1424 Mémoires de Condé, *Londres*, 1743 & *fuiv.* 6 *vol* 4.

1425 Les mêmes. 6 *vol.* 4. *gr. pap.*

1426 Mémoires de Caftelneau, par le Laboureur, *Par.* 1659, 2 *vol. fol. gr. pap.*

1427 Les mêmes, *Bruxelles*, 1731. 3 *vol. fol.*

1428 Hift. Univerfelle, par Daubigné, *Maillé*, 1616 3 *vol. fol.*

1429 Mém. de Théodore Agrippa d'Aubigné. *Amft.* 1731. 12.

1430 Journal d'Henri III. par P. de l'Eftoille. *La Haye*, 1744. 5 *vol.* 8.

1431 La Satyre Ménippée, *Ratifb.* 1664. 12.

1432 Le Banquet & Aprés-dînée du Comte d'Arête, par Dorleans. *Par.* 1594. 8.

1433 Mém. de la Vie de Jacques de Thou. *Amft.* 1713 12. *fig.*

1434 Hift. Univerfelle de de Thou, *Londres*, 1734, 16 *vol.* 4.

1435 La même, 16 *vol.* 4. *gr. pap. d. f. t.*

1436 Rec. de Piéces, entr'autres la France mourante, le *Te Deum* fur la mort du Connefta-ble, 8.

1437 Mémoires de Sully, par M. l'Abbé de
l'Ecluse, *Londres* 1737 3 *vol.* 4.

1438 Négotiations du Préfident Jeannin, *Par.*
1656. *fol.*

1439 Les mêmes, *grand papier.*

1440 Ambaffades du Duc d'Angoulême, *Par.*
1667. *fol.*

1441 Mémoires du Même, *Par.* 1667. *12.*

1442 Hift. de Henri IV. par de Perefixe, *Par.*
2 *vol.* 12.

1443 Hift. de la Mere & du Fils, par Mezerai.
Par. 1731, 2 *vol.* 12.

1444 Tableau de la Régence de Marie de Me-
dicis, par du Ruau, *Poitiers* 1615, 8.

1445 Mémoires de Dupleffis Mornay. *La Forêt,*
& Elzevir, 5 *vol.* 4.

1446 Mem. de Baffompiere. *Amfterd.* 1723, 4
vol. 12.

1447 Ambaffade extraordinaire de M. de Blain-
ville en Angleterre, en 1625 & 1626, *fol*
mff.

1448 Mémoires de Montchal. *Rotterd.* 1718.
2 *vol.* 12.

1449 Teftament politique de Richelieu, *La*
Haye, 1740. 12.

1450 Mémoires de Montrefor. *Cologne* 1663. 12.

1451 Les mêmes, 1733, 2 *vol.* 12.

1452 Hiftoire de Louis XIII. par le Vaffor,
Amft. 1750 *& fuiv.* 17 *vol.* 12.

1453 Mém. pour fervir à l'Hiftoire d'Anne
d'Autriche, par Me de Motteville, *Amft.*
6 *vol.* 12.

1454 Mém. du Card. de Retz & de Joly. *Amft.*
1731, 7 *vol.* 12.

1455 Labardæus, de Rebus Gallicis, *Paris.* 1671. 4. *maroq.*

1456 Négotiations à la Cour de Rome, &c. par Henri Arnauld, Evêque d'Angers, en 1645 & *suiv. Par.* 1748. 5 *vol.* 12.

1457 Hist. du Cardin. Mazarin, par Aubery, *Amst.* 1718, 3 *vol.* 12.

1458 Lettres du Cardinal Mazarin, *Amsterd.* 1693, 12.

1459 Mém. du Comte de Bussy, *Par.* 1712. 3 *vol.* 12.

1460 Mém. de Mlle de Montpensier, *Amsterd.* 1735, 8 *vol.* 12. *en quatre.*

1461 Les mêmes, *Amst.* 1746. 8. *vol.* 12.

1462 Hist. de Me Henriette d'Angleterre, par Me de la Fayette, *Amst.* 1720 12.

1463 Mém. de Puyfegur, par Duchesne, *Par.* 1690 2 *vol.* 12.

1464 Mém. de Dartagnan, *Cologne,* 1701, 3 *vol.* 12.

1465 Hist. du Vicomte de Turenne, par M. de Ramsay, *Paris* 1735, 2 *vol.* 4.

1466 Entretiens de Colbert avec Bouin, *Cologne* 1650, 12.

1467 Testament polit. de Colbert, *La Haye,* 1694. 12.

1468 Tableau de la Vie & du Gouvernement des Card. de Richelieu & Mazarin, &c. *Cologne,* 1694. 12.

1469 Lettres Hist. de Pelisson. *Par.* 1729, 3 *vol.* 12.

1470 Testament polit. de Louvois, 1695. 12.

1471 Recueil des Testamens polit. 4 *vol.* 12.

1472 Mem. de Jean-Baptiste de la Fontaine, Col. 1699. 12.

1473 Mém. du Marquis de la Farefur les principaux Evénemens du Régne de Louis XIV. Amst. 1716.

1474 Les mêmes, Amst. 1749. 12.

1475 Négociations du Marquis de Feuquieres, 3 vol. 12.

1476 Amours des Dames Illustres de la Cour de France, Col. 1700. 12.

1477 Les mêmes, Col. 1708. 12.

1478 Hist. Amoureuses des Gaules, par Bussy Rabutin, Col. 1740. 4 vol. 12.

1479 Hist. Militaire de Louis XIV. par de Quincy, Par. 1726. 8 vol. 4. gr. pap.

1480 Hist. de France sous Louis XIV. par Larrey, Rotterd. 1721. & suiv. 9 vol. 12.

1481 La même, par de la Martiniere, Amst. 5 vol. 4.

1482 La même, par Reboulet, 3 vol. 4.

1483 Le Siécle de Louis XIV. par M. de Voltaire, Berlin, 1752. 2 vol. 12.

1484 Médailles sur les principaux Evénemens de Louis XIV. Par. 1702. 4.

1485 Les mêmes, fol. maroq.

1486 Mem. de M. du Guaytrouin, 1740. 4. fig.

1487 Les mêmes, 12. fig.

1488 Campagnes du Maréch. de Villars en 1713. Par. 1715. 12.

1489 Mem. de la Régence du Duc d'Orléans, Amst. 5 vol. 12.

1490 Lettres & Négociat. de l'Abbé de Montgon, Liége, 1732. 12.

1491 Les mêmes, 1750. 6 *vol.* 12.
1492 Campagnes de l'Armée du Roi en 1747.
La Haye, 1747. 12.
1493 Hist. du Maréchal de Saxe, 1752. 3 *vol.*
12.

HISTOIRE

des Provinces de France, &c.

1494 Le Plan de Paris, dressé par les ordres de
M. Turgot, *fol. maroq.*
1495 Hist. de la Ville de Páris, par l'Abbé des
Fontaines, *Par.* 1735. 5 *vol.* 12.
1496 Descript. de Paris, par Brice, *Paris*, 4
vol. 12.
1497 Mémorial de Paris & de ses Environs, *Par.*
1749. 2 *vol.* 12.
1498 Voyage Pictoresque de Paris, *Par.* 1749.
12.
1499 Hist. de l'Abbaye de S. Germain des Prez,
par D. Bouillar, *Par.* 1724. *fol.*
1500 Hist. de l'Abbaye Royale de S. Denis,
par D. Félibien, *Par.* 1706. *fol. gr. pap. lavé
régle.*
1501 Descript. de Versailles & de Marly, par
Piganiol de la Force, *Paris*, 1751. 2 *vol.* 12.
fig.
1502 Hist. de Soissons, par Dormay, *Soissons*,
1663. 2 *vol.* 4.
1503 Antiquités d'Amiens, par de la Morliere,
Par. 1627. 4.
1504 De l'Antiquité d'Abbeville, par Sanson,
Par. 1636. 8.

1505 Hift. de la Cathédrale de Rouen, *Rouen,* *1686.* 4.

1506 Defcript. de la Haute Normandie, *Paris,* *1740.* 2 vol. 4.

1507 Hiftoriæ Normanorum Scriptores, Stud. Duchefne, *Lut. Parif.* *1619.* fol.

1508 Hift. de Bretagne, par D. Morice, *Paris,* *1742.* & fuiv. 3. vol. fol.

1509 Differt. fur la Mouvance de Bretagne, avec la Défenfe, *Par.* *1711.* 2 vol. 12.

1510 Hift. de Berry, par de la Thaumaffiere, *Bourges,* *1689.* fol.

1511 Antiquités & Priviléges de Bourges, rec. par Chenu, *Par.* *1621.* 4.

1512 Chronique Bourdeloife, par Darnal, *Bourdeaux,* *1619.* 4.

1513 Hift. de Bearn, par P. de Marca, *Paris,* *1649.* fol.

1514 Hift. générale du Languedoc, par les PP. Bénédictins, *Par.* *1730.* & fuiv. 5 vol. fol.

1515 Abregé de la même, *Par.* *1749.* 6 vol. 12.

1516 Hift. de Carcaffonne, par le P. Bouges, *Par.* *1741.* 4.

1517 Hift. de Marfeille, par de Ruffi, *Marfeille,* *1642.* fol.

1518 Hift. de Dauphiné, par de Valbonnais, *Genêve,* 1722. 2 vol. fol.

1519 Hift. de Châlon fur Saone, par le P. Perry, *Châlon,* *1659.* fol.

1520 Mem. hift. de la République Séquanoife, par Golut, *Dole,* *1592.* fol.

1521 Hift. de Breffe & de Bugey, par Guichenon, *Par.* *1650.* fol.

Mélanges de l'Histoire de France.

1522 Le Blanc, Traité hist. des Monnoyes de France, 4.

1523 Entrée de la Reine Mere dans les Pays-Bas, par de la Serre, *Londres*, 1739. *fol.*

1524 Le Sacre & Couronnement de Louis XV. en 1722. *fol. magno.*

1525 Fêtes données par la Ville de Strasbourg à Sa Majesté, *fol. magno maroq.*

1526 Etat de la France, *Paris*, 1736. 6. vol. 12.

1527 Le même, *Par.* 1749. 6 vol. 12.

1528 Hist. de la Milice Françoise, par le P. Daniel, *Par.* 1721. 2 vol. 4.

1529 La même, 2 vol. 4. *gr. pap.*

1530 Lettres sur les Anciens Parlemens ou Etats Généraux, par Boulainvilliers, *Londres*, 1753. 3 vol. 12. *en un.*

1531 Hist. de la Pairie de France & du Parlement de Paris, par le même, *Londres*, 1753. 2 vol. 12.

1532 Hist. de la Chancellerie de France, par Tessereau, *Par.* 1710. 2 vol. fol.

1533 Germ. Constans, Traité de la Cour des Monnoyes, *Par.* 1658. *fol.*

HISTOIRE.

d'Allemagne, Flandres, &c.

1534 Hist. Générale d'Allemagne, par le P. Barre, *Par.* 11 vol. 4.

1535 Mem. Hiſtorique & Politique de la Mai-
ſon d'Autriche, *Par. 1670. 12.*

1536 Cérémonies de la Bulle d'or pour l'Election
de l'Empereur, *Par. 1711. 12.*

1537 Lettres du Baron de Buſbec, trad. par
l'Abbé de Foy, *Par. 1748. 3 vol. 12.*

1538 Les mêmes, *gr. pap.*

1539 Mem. de Montecuculi, *Par. 1746. 12.*

1540 Lettres & Mem. du Baron de Pollnitz,
Londres, 1747. 5 vol. 12.

1541 Mem. pour l'Hiſt. de Brandebourg, *Ber-
lin 1751. 2 vol. 12.*

1542 Les mêmes, *4. gr. pap. fig. d. ſ. tr.*

1543 Hiſt. de Guillaume I. Roi de Pruſſe, *Amſt.
1741. 2 vol. 12.*

1544 Diſſert. Hiſt. ſur l'origine de S. Bertin,
Par. 1737. 12.

1545 Ant. Sanderi Brabantia Sacra, *Hagæ Co-
mitum, 1726. 3 vol. fol. gr. pap.*

1546 Deſcript. abregée du Brabant & de la Flan-
dre Hollandoiſe, *Par. 1748. 12.*

1547 Chroniques de Flandres, par Denys Sau-
vage, *Lyon, 1561. fol.*

1548 Batavia Sacra, *Bruxellis, 1714. fol. fig.*

1549 Hiſt. des Provinces-Unies des Pays-Bas,
par le Clerc, *Amſt. 1723. 2 vol. fol.*

1550 Hiſt. Métallique de la République de Hol-
lande, par Bizot, *Amſt. 1688. 3 vol.* 8

1551 Rem. du Chev. Temple ſur l'Etat des Pro-
vinces-Unies en 1672. *La Haye, 1674. 12.*

1552 Hiſt. Eccléſiæ Ultrajectinæ, ſtud. Pauli
Hoynck Van Papendrecht, *Mechliniæ, 1725.
fol.*

1553 Hist. Abrégée de la Réformat. des Pays-Bas, trad. de Brandt, *La Haye*, 1726. 3 v. 12.

HISTOIRE

d'Angleterre, Espagne & Portugal.

1554 Hist. d'Angleterre de Rapin de Thoyras, *La Haye*, 1749. 16 vol. 4.

1555 Abrégé de l'Hist. d'Angleterre, de Rapin de Thoyras, *La Haye*, 1730. 3. vol. 4.

1556 Hist. Navale d'Angleterre, trad. de Lediard, *Lyon*, 1751. 3 vol. 4.

1557 La même, 3 vol. 4. gr. pap.

1558 Hist. de la Réformat. de l'Eglise d'Angleterre, trad. de Burnet, par de Rosemond, *Rott.* 1694. 4 vol. 12.

1559 Vie d'Elizabeth, trad. de Léti, *Amst.* 1703. 2 vol. 12.

1560 La même, *La Haye*, 1741. 2 vol. 12.

1561 Vie de Cromwel, trad. de Léti, *Amsterd.* 1708. 2 vol. 12.

1562 La même, 1730. 3 vol. 12.

1563 Hist. des Révol. d'Angleterre, par le P. d'Orleans, *Par.* 1750. 4 vol. 12.

1564 Hist. des dernieres Revolutions d'Angleterre, trad. de Burnet, *La Haye*, 1727. 4 vol. 12.

1565 Mem. des dern. Révol. d'Angleterre, par Lamberty, *La Haye*, 1702. 2 vol. 12.

1566 Mem. de Jean Macky, trad. de l'Anglois, *La Haye*, 1733. 12.

1567 Hift. de Marie Stuard, *Londres*, 1734.
2 *vol.* 12.

1568 Mem. du Régne de George premier, *La Haye*, 1729. 5 *vol.* 12.

1569 Délices d'Efpagne & de Portugal, *Leide*, 1715. 6 *vol.* 12. *fig.*

1570 Annales d'Efpagne & de Portugal, par de Colmenar, *Amft.* 1741. 8 *vol.* 12. *fig.*

1571 Hift. d'Efpagne, trad. de Mariana, par Charenton, *Par.* 1725. 6 *vol.* 4.

1572 La même, trad. de Ferreras, par Dhermilly, *Par.* 1742. *& fuiv.* 10 *vol.* 4.

1573 Vie du Duc d'Offone, trad. de Léti, *Amft.* 1701. 3 *vol.* 12.

1574 Vie de Philippe II. trad. de Gregorio Lety, *Amft.* 1734. 6 *vol.* 12.

1575 Anecdotes du Comte d'Olivarès, *Paris*, 1722. 12.

1576 Hift. Générale du Portugal, par de la Clede, *Par.* 1735. 8 *vol.* 12.

HISTOIRE

de Suede, Pologne, Mofcovie, &c.

1577 Hift. des Révol. de Suéde, par Vertot, *Par.* 1695. 2 *vol.* 12.

1578 Hift. de Suéde fous le Régne de Charles XII. par de Limiers, *Amfterd.* 1721. 6 *vol.* 12.

1579 Mem. de la Vie de Chriftine, Reine de Suéde, *Amft.* 1751. 2 *vol.* 4.

1580 Hift. de Charles XII. Roi de Suéde, par M. de Voltaire, *Drefde*, 1749. 8.

1581 La même, *Baſle*, 1751. 12.

1582 Hiſt. Milit. de Charles XII. par Guſtave Adlerfeld , *Par.* 1741. 3 *vol.* 12. *fig.*

1583 Hiſt. des Révol. de Pologne , par l'Abbé des Fontaines , *Amſt.* 1735. 2 *vol.* 12.

1584 Anecdotes de Pologne , *Amſterd.* 1699. 2 *vol.* 12.

1585 Mem. du Chev. de Beaujeu , *Par.* 1698. 12.

1586 Mem. du Régne de Pierre le Grand, *Amſt.* 1728. 4 *vol.* 12.

1587 Mem. du Régne de l'Impératrice Catherine , *Amſt.* 1729. 12.

1588 Deſcription de la Livonie, *Utr.* 1705. 12.

1589 Hiſt. des Révol. d'Hongrie , *La Haye* , 1739. 6 *vol.* 12.

1590 Hiſt. du Miniſtere du Card. Martinuſius ; *Par.* 1715. 12.

1591 Hiſt. d'Emeric , Comte de Tekeli , *Col.* 1693. 12.

1592 Mem. Hiſt. du Comte Bethlem Niklos , *Amſt.* 1736. 12.

Hiſtoire Orientale.

1593 Vie de Mahomet , par Gagnier , *Amſterd.* 1748. 3 *vol.* 12.

1594 Hiſt. de la Religion des Turcs , par Baudier , *Par.* 1625. 4.

1595 Abrégé de l'Hiſt. des Turcs, par Vanel , 1697. 4 *vol.* 12. *fig.*

1596 Hiſt. des Turcs , trad. de Chalcondyle , par de Mezeray, *Par.* 1662. 2 *vol. fol.*

1597 Etat Militaire de l'Empire Ottoman , par

de Marſigli, Ital. Franç. *La Haye*, 1732. *fol.*

1598 Anecdotes de la Maiſon Ottomane, *Lyon*, 1724. 2 *vol.* 12.

1599 Hiſt. des Révol. de Conſtantinople, par de Burigny, *Par.* 1750. 3 *vol.* 12.

1600 Hiſt. des Arabes, par l'Abbé de Marigny, *Par.* 1750. *vol.* 12.

1601 Hiſt. des Indes Orientales, par l'Abbé Guyon, *Par.* 1744. 3 *vol.* 12.

1602 Ambaſſade du Ch. de Chaumont à la Cour de Siam, *Par.* 1686. 12.

1603 Hiſt. du grand Tamerlan, par de Sainction, *Lyon*, 1691. 12.

1604 Mem. de la Chine, par le P. le Comte, *Par.* 1697. 3 *vol.* 12.

1605 Deſcript. Géograph. de la Chine, par le P. Duhalde, *Par.* 1735. 4 *vol. fol.*

1606 Hiſt. & Deſcript. du Japon, par le P. de Charlevoix, *Par.* 1736. 9 *vol.* 12,

1607 Hiſt. du Japon, trad. de Kempfer, *La Haye*, 1729. 2 *vol. fol.*

1608 Ambaſſade de la Compagnie des Indes vers l'Empereur du Japon, *Leyde*, 1686. 2 *vol* 12.

1609 Rel. de l'Afrique Occidentale, par le P. Labat, *Par.* 1728, 5 *vol.* 12.

1610 Deſcription du Cap de Bonne Eſpérance, avec la Relig & Mœurs des Hottentros, trad. *Amſt.* 1743, 3 *vol.* 12.

1611 Hiſt. de la Conquête du Méxique, trad. de Solis, *Par.* 1704 2 *vol.* 12.

1612 Hiſt. des Yncas, Rois du Perou, trad. par Baudoin. *Amſt.* 1704, 2 *vol.* 12.

1613 Hiſt. de la découverte & Conquête du Perou, trad. *Par.* 1716, 2 *vol.* 12.

1614 La même, *Par.* 1742. 2 *vol.* 12.

1615 Hist. de la Jamaïque , trad. de l'Angl. *Londres* 1751. 2 *vol.* 12. *fig.*

1616 Hist. de l'Isle de Saint Domingue , par le P. de Charlevoix, *Par.* 1730 , 2 *vol.* 4.

1617 Hist. des Découvertes & Conquêtes des Portugais, par le P. Laffiteau, *Par.* 1733. 2 *vol.* 4.

1618 La même 1734, 4. *vol.* 12. *fig.*

1619 Descript. de la Nouvelle France , & du Canada , par le P. de Charlevoix , *Paris* , 1744, 6 vol 12. *fig.*

1620 La même, 3 *vol.* 4. *fig.*

1621 Mém. Hist. sur la Louisiane par Dumont, *Paris* 1753 , 2 *vol.* 12. fig.

1622 Hist. Naturelle & Morale des Isles Antilles, *Rotterdam* , 1658 , 4.

1623 Hist. des Pirates Anglois, trad. de l'Angl. *Paris* 1726 12.

Histoire Héraldique & Généalogique.

1624 Traité du Ban & arriere Ban , par de la Roque, *Paris* 1676. 12.

1625 Origine des Armoiries , par le P. Menestrier, *Paris* , 1680, 2 *vol.* 12.

1626 Methode du Blason, par le P. Menestrier. *Lyon* , 1723. 12.

1627 Science des Armoiries , par Palliot. *Paris* 1664 *fol.*

1628 Science Heroïque du Blason , par de la Colombiere, *Paris* 1669 , *fol.*

1629 Les Souverains du Monde, *Paris* 1734, 5 *vol.* 12.

1630 Tables Généal. d'Hubner, *Leipsic*, 1737.
4 *vol. fol. obl. en deux. Allemand.*

1631 Traité de la Noblesse, & de toutes ses
différentes espéces, par de la Roque, *Rouen*
1734, 4.

1632 Essais sur la Noblesse de France, par Bou-
lainvilliers, *Amst.* 1732. 12.

1633 Hist. Généal. de la Maison de Savoye,
par Guichenon, *Lyon*, 1660, 2 *vol. fol. gr.
pap.*

1634 de Strirpe & Origine Domûs de Courte-
nay, *Paris.* 1607, 8.

1635 Hist. Généal. des Gr. Officiers de la Cou-
ronne, par le P. Anselme. *Paris* 1726 &
suiv. 9 *vol. fol.*

1636 La même *gr. pap.*

1637 Traité de la Noblesse des Capitouls de
Toulouse, *Toulouse* 1707, 4.

Antiquités & Médailles &c.

1638 Réponse à l'Histoire des Oracles de Fon-
tenelle, par Baltus, *Strasbourg* 1707. 2 *vol.* 8.

1639 Antiquité expliquée par le P. Montfaucon.
Paris 1719, 10 *vol. fol. en cinq.*

1640 La même, 1719, y compris le Suplement.
15 *vol. fol. gr. pap. d. s. t.*

1641 Casparus Bartholinus de Tibiis veterum.
Roma, 1677, 8.

1642 Du Choul, de la Relig. des Anciens Ro-
mains, &c. *Lyon*, 1581. 4.

1643 Le Reveil de Chindonax Prince des
Vachies, Druydes, &c. *Dijon*, 1621, 8.

1644 Sam. Pitisci Lexicon Antiquit. *Haga Co-
mitum*, 1737, 3 *vol. fol.*   N ij

1645 Hist. des Grands chemins de l'Empire
Rom. par Bergier, *Paris* 1622, 4.

1646 Images des Héros & grands Hommes de
l'Antiquité, par Canini, avec les fig. de Pi-
cart. *Amst.* 1721, 4. fig.

1647 Traité des Pierres gravées, par M. Ma-
riette, *Paris,* 1750, 2 *vol. fol.*

1648 Discours sur les médailles & gravures an-
tiques, pa Ant. le Pois. *Paris* 1599. 4. *maroq.*

1649 Comment. de Tristan, sur les médailles.
Paris 1644. 3 *vol. fol.*

1650 Thesaurus Morellianus, stud. Havercampi,
Amst. 1734. 2 *vol. fol.*

1651 Hist. Imperatorum Rom. stud. Henninii.
Amst. 1707 *fol.*

1652 C. Patini Familiarum Rom. Numismata.
Par. 1663, *fol.*

1653 Adolphi Occonis Imperat. Rom. Numis-
mata, stud. Mediobarbi. *Mediolani* 1683,
fol.

1654 Joann. Vaillant, hist. Ptolemæorum,
Amst. 1701, *fol.*

1655 Ejusdem Numismata Imper. August. &
Cæsarum Græc. *Amst.* 1700. *fol.*

1656 Ejusdem Nummi Antiqui familiarum
Rom. *Amst.* 1703, 2 *vol. fol.*

1657 Ejusdem Numismata Imper. Rom. præs-
tantiora. *Romæ* 1742, 3 *vol.* 4. *gr. pap.*

1658 Philippi Bonanni Numismata Summ. Pon-
tificum, *Romæ* 1696 *fol.*

1659 Médailles du Cabinet de la Reine Chris-
tine, par Havercamp. *la Haye,* 1742. *fol.*

1660 Les mêmes, *gr. pap.*

1661 Cabinet de la Biblioth. de Ste Genevieve,

par du Molinet, *Par.* 1692 *fol. gr. pap.*

Hift. Littéraire des Academies Bibliothécaires, &c.

1662 Hift. de l'Imprimerie & Librairie, par de la Caille, *Par.* 1689, 4.

1663 Origine de l'Imprimerie de Paris , par Chevillier. *Par.* 1694, 4.

1664 Hift. de l'Origine & Progrès de l'Imprimerie, par Profper Marchant, *la Haye* 1740. *in* 4.

1665 Scientiarum Academiæ Hiftoria, à Joanne Bapt. Duhamel. *Par.* 1686. 4.

1666 Eadem, 1701 , 4.

1667 Hift. & Mém. de l'Academie des Sciences, depuis fon établiffement en 1666 jufqu'en 1699. *Par.* 1/33 *& fuiv.* 18 *vol.* 4.

1668 Les mèmes, depuis la même année 1666, jufqu'y compris 1730, 52 *vol.* 4.

1669 Les mêmes, commenc. en 1699, jufqu'y compris 1737. *Amft.* 1706 , *& fuiv.* 59 *vol.* 12.

1670 Mém. de Math. & Phyfique , Années 1692 & 1693. *Amft.* 1723. 2 *vol.* 12.

1671 De Montfaucon Bibliotheca Biblioth. Manufcriptorum , *Parif.* 1739. 2 *vol. fol.*

1672 Bibliotheque des Auteurs Eccléfiaftiques, par Dom Ceillier , *Paris* 17..... *& fuiv.* 15 *vol.* 4.

1673 Jugemens des Sçavans, par Baillet, *Par.* 1722. 7 *vol.* 4. *gr, pap.*

1674 Bibliotheque Franc. de Sorel. *Paris* 1667. 12.

1675 Bibliotheque choifie de Colomies. 12.

1676 Hist. des Ouvrages des Sçavans, *Amst.* 1721 & *suiv.* 24 *vol.* 12.

1677 Biblioth. Universelle, par le Clerc. *Amst.* 1688, 26 *vol.* 12.

1678 Bibliotheque choisie, par le même, *Amst.* 1712 & *suiv.* 28 *vol.* 12.

1679 Biblioth. Anc. & Moderne, par le même, *Amst.* 1715 & *suiv. vol.* 12.

1680 Bibliotheque Critique, par de Sainjore, *Amst.* 1708, 4 *vol.* 12.

1681 Voyage Litteraire de deux Bénédictins. *Paris*, 1717, 4.

1682 Essais Hebdomadaires sur différens sujets, par Dupuy. *Paris* 1730, 12.

1683 Essais sur l'Hist. des Belles Lettres, des Sciences, & des Arts, par Juvenel de Carlencas, *Lyon* 1749, 4 *vol.* 12.

1684 Mélanges d'Histoire & de Littérature, par Vigneul de Marville, *Par.* 3 *vol.* 12.

1685 Mém. de Litterature, par Sallengre. *La Haye* 1715. 4 *vol.* 12.

1686 Mém. Historiques d'Amelot de la Houssaye, *Amst.* 1737. 3 *vol.* 12.

1687 Rec. de Piéces de Littérature & d'Histoire. *Par.* 1731, 2 *vol.* 12.

1688 Observat. sur les Ecrits des Mod. par l'Abbé Desfontaines, *Paris* 1736 & *suiv.* 12. *vol.* 12. *broché.*

1689 Essais de Critique, sur les Ecrits de M. Rollin, &c. *Amst.* 1740. 12.

1690 Essais sur divers sujets de Littérature, & de Morale, par l'Abbé Trublet, *Par.* 1749. 2 *vol.* 12.

1691 Matanasiana ou Mem. Littéraires de Matanafius. *La Haye*, 1740, 2 *vol.* 12.

1692 Mém. Critiq. & Littéraires, par l'Abbé d'Artigny. *Paris*, 1749 2 *vol.* 12.

1693 Mem. Secrets de la République des Lettres par le Marquis Dargens, 17 *Parties en* 6 *vol.* 12.

1694 Catalogus Librorum Bibliothecæ Lugduno Bat. ftud Gronovii, *Lugd. Batav.* 1716 *fol.*

Vies des Hommes Illuftres & Dictionnaires.

1695 PlutarchiOpera, Græce. *Bafilea.* 1560, 2 *vol. fol.*

1696 Vies des Hommes Illuftres, trad. de Plutarque, avec les Rem. de Dacier. *Amft.* 1736. 10 *vol.* 12.

1697 Les mêmes, *Par.* 1734. 9 *vol.* 4.

1698 Les mêmes, *gr. pap.*

1699 Diogene de Laerce de la Vie des Philofophes, trad. de Fougerolles, *Lyon* 1602. 8.

1700 Vie de Defcartes, par Baillet. *Par.* 1691 4.

1701 Mem. de Brantomé, *Londres* 1739. 15 *vol.* 12.

1702 Mém. de Brantome, conten. les Duels. *Leyde*, 1722. 12.

1703 Mem. fur les Vies & Ouvrages des Modernes, par Ancillon. *Amft.* 1709, 12.

1714 Vie de Bayle, par des Maifeaux. *La Haye* 1732, 2 *vol.* 12.

1705 Vies des Architectes, par Felibien, *Par.* 1687, 4.

1706 Vite di Pittori da Vafari. *in Fiorenza.* 1567. 3 *vol.* 4.

1707 Vies des Peintres, par Felibien. *Trevoux,* 1725, 6 *vol.* 12.

1708 Abregé de la Vie des Peintres ; par M. Dargenville. *Paris* 1745 , 2 *vol.* 4.

1709 Reflex. crit. fur les différentes Ecoles de Peinture , par le M. Dargens. *Paris* 1752. 12.

1710 Valerius Maximus, cum notis variorum, *Lugd. Bat.* 1670 , 8.

1711 Hiftoires tragiques extraites de Bandel , par Boifteau & Belleforêt , *Rouen* 1603 & 1604. 7 *vol.* 16.

1712 Dict. Hift. de Moreri avec le Supplement, *Paris* 1699 4 *vol. fol.*

1713 Le même , *Amft.* 1702. 4 *vol. fol. en deux*

1714 Le même , *Paris* 1704 & 1712 , 5 *vol. fol.*

1715 Dict. crit. de Bayle , *Rotterd.* 1697 4 *vol. fol. en deux.*

1716 Le même 1730. 4 *vol. fol.*

1717 Le même , 1734 5 *vol. fol.*

1718 Le même , 1740, 4 *vol. fol.*

1719 Rem. crit. fur le Dict. de Bayle. *Paris* 1752 *fol.*

Livres Anglois.

1720 Bible Angloife , *Oxford* , 1739. 16.

1721 Livre de Prieres , *Edimbourg* 1720. 24 *maroq.*

1722 Autre Livre de Prieres , *Oxford.* 1740, 8. *mar.*

1723 Devoirs de l'Homme, *Oxford* , 1733. 12.

1724 Conftitutions des Freé Maffons, *Londres,* 1723 , 4. *broché* , avec les chanfons.

1725 Penfées & Réfléxions , fur l'amufement Philofoph. du P. Bougeant , par Hildrop. *Lond.* 1742 & 1743 , 2 *brochures* 8.

1726 Essai sur les Caracteres des Passions, *Londres* 1740, 12.

1727 Satyres sur les Passions, *Londres* 1741. 8.

1728 La Fille démasquée, en forme de Dialogues, par Mandeville, auteur de la Fable des Abeilles, *Londres*, 1742, 12.

1729 Lettres Philosophiques, par M. de Voltaire, *Londres* 1741. 12.

1730 Reflex. Morales de l'Emp. Marc Antonin. *Glasou* 1749, 2 *vol.* 12.

1731 Le Spectateur, *Londres* 1739, 8 *vol.* 12.

1732 Le Magasin des Negocians, par Hayer, *Londres* 1739. 8.

1733 Dictionnaire de Médecine, 8.

1734 Maladies des Femmes, trad. de Mauriceau, par Chamberlen, *Londres*, 1736, 8. *fig.*

1735 Dictionn. Anglois, par de Foe, *Westminster*, 1735, 12.

1736 Les Comédies de Térence, trad. par Echard, &c. *Londres*, 1729 12.

1737 Rec. de Comédies, par différens Auteurs, *Londres*, 1734 & *suiv.* 5 *vol.* 12.

1738 La Callipédie de Quillet, trad. par Rowe, *Londres*, 1720, 8. *fig.*

1739 Dictionn. de la Fable, *Londres*, 1731, 12. broché.

1740 Contes de ma Mere l'Oye, *Londres*, 1734, 12.

1741 Les Mille & une nuit, *Londres* 1736. 12. *vol.* 12 *en* 6.

1742 Les Mille & un Jour, *Londres* 1729. 2 *vol.* 12.

1743 La Maitresse fortunée, ou Hist. de Mlle de Belian, *Londres* 1724, 8.

O

1744 La Vie de David simple, *Londres*, 1744
2 *vol.* 12.

1745 Grammaire Géographique, par Gordon,
Londres 1740. 8.

1746 Dictionn. Géographique, par Echard,
Londres, 1738, 12.

1747 Voyage au Tour du Monde, par Betagh.
Londres, 1728. 8.

1748 Abregé de l'Hist. d'Angleterre, par demandes & Réponses, *Londres* 1736. 12.

1749 L'Atlantis de Manley, ou Mémoires secrets de la Cour d'Angleterre, *Londres* 1730.
4 *vol.* 12.

Il y a encore plusieurs Livres Anglois, entre autres des Piéces de Théâtre détachées.

FIN.

9 782019 316433